그 사람, 왜 끌릴까?

CORE: 고객 마음을 여는 퍼스널 이미지 브랜딩 전략

그 사람, 왜 끌릴까?

홍순아 지음

CHARISMA

OUTLOOK

RELATIONSHIP

EMOTION

한스컨텐츠

당신도 매일
7초 전쟁을 치르고 있다!

이런 일, 당신에게도 일어나고 있다.

승진 발표에서 밀려난 순간.

분명 당신이 더 열심히 일했는데.

중요한 프레젠테이션에서 묻힌 순간.

분명 당신의 아이디어가 더 좋았는데.

네트워킹 자리에서 무시당한 순간.

분명 당신의 경력이 더 화려한데.

실력으로는 이길 수 없는 게임이 있다. 잔혹하지만 현실이다.

실력이 비슷한 사람들 사이에서 결국 선택받는 이는 '뭔가 다른 사람'이다.

그 차이를 만드는 것이 바로 'CORE'이다.

사실 이건 우리가 일상에서 계속 경험하는 일이다. 당신도 이런 상황을 겪어봤을 것이다. 회식 자리에서도 자연스럽게 대화의 중심이 되는 동료, 똑같은 말을 해도 상사가 더 귀 기울여 듣는 사람, 고객이 '이 사람한테 맡기고 싶다'고 직감적으로 느끼게 만드는 영업 담당자.

반대로 이런 사람도 있다. 실력은 뛰어난데 왠지 신뢰감이 떨어지는 사람, 열심히 설명하는데 고객이 딴생각하는 것 같은 사람, 분명 좋은 조건을 제시했는데도 "검토해보겠다"는 말만 듣는 사람. 그 차이는 무엇일까?

20년간 비즈니스와 세일즈 현장에서 성공하는 사람들을 관찰하며 발견한 공통점이 있었다. 그들은 모두 의식적이든 무의식적이든 CORE를 갖추고 있었다.

이것은 거창한 이론이 아니다. 우리가 매일 만나는 사람 중에서 '왠지 끌리는 사람'이 자연스럽게 하고 있는 것들을 체계화한 것이다.

이 책을 읽고 나면…
첫 7초 만에 '이 사람이다!'라는 확신을 심어줄 수 있다.
일회성 만남을 평생 파트너십으로 발전시킬 수 있다.
경쟁자들이 따라올 수 없는 개인 브랜드를 완성할 수 있다.
지금부터 그 비밀을 공개한다.

✳ CORE 전략으로 고객과 원원하라

똑같은 제안서를 내고 똑같은 가격을 제시했는데도, 어떤 사람은 단숨에 계약을 따내고, 어떤 사람은 끝내 외면당한다.

그 차이는 실력이 아니라 이미지에서 시작된다. 고객의 마음을 여는 열쇠는 제품이나 조건이 아니라, 사람 자체가 주는 인상과 에너지다.

이 책에서 다루는 CORE는 바로 그 차이를 만드는 본질이다.

- **C(Charisma):** 7초 만에 사로잡는 첫인상의 힘. 나만의 그 무엇으로 각인시키는 끌림
- **O(Outlook):** 신뢰감을 주는 외적 이미지
- **R(Relationship):** 거래를 넘어 평생 고객으로 이어지는 소통 기술
- **E(Emotion):** 흔들리지 않는 감정 관리 능력

이것은 당신을 경쟁자와 구분 짓는 결정적 기준이며, 고객에게는 '이 사람과 함께하면 문제를 해결할 수 있겠다'라는 확신을 심어주는 브랜딩의 설계도다.

오늘날 고객은 단순한 판매자가 아니라 자신과 미래를 함께 만들어갈 파트너를 찾는다. CORE 없이 만나는 고객은 당신을 수많은 세일즈맨 중 하나로만 흘려보낼 것이다. 반대로 CORE를 가진 사람은 첫 만남에서 이미 '이 사람이다!'라는 확신을 끌어내고 오래도록 기억된다.

이 책은 그 길을 안내한다. 고객의 마음속에 각인되는 강력한 첫인상, 관계를 넘어서는 신뢰와 유대, 위기에도 흔들리지 않는 내적 안정감. 이 모든 것을 전략적으로 다루는 종합 매뉴얼이 바로 CORE이다.

고객과의 윈윈은 운이 아니라, 준비된 이미지에서 시작된다. 이제 당신이 CORE를 갖추고 끌리는 사람으로 자리 잡을 차례다.

 ## *Charisma* (카리스마)
고객의 결정을 한순간에 바꾸는 보이지 않는 힘

왜 어떤 사람은 설명이 서툴러도 계약을 따내고, 어떤 사람은 아무리 완벽히 준비해도 외면당할까? 그 차이를 만드는 보이지 않는 힘, 그 것이 바로 카리스마다.

카리스마는 남다른 강렬한 포스, 독특한 성격이나 매력이 아니다. 고객이 당신을 '믿고 싶게 만드는 에너지'이며, 비즈니스 협력의 출발점이자 성패를 가르는 결정적 요소다.

오늘날 고객은 제품이나 서비스의 스펙만으로는 움직이지 않는다. 그들은 '이 사람과 함께라면 내 문제가 풀릴 것 같다'라는 직관적 확신을 원한다. 그 확신을 단숨에 불러일으키는 것이 카리스마다.

특히, 디지털 시대에는 더욱 그렇다. 줌(Zoom) 화면 속 작은 창 하나, 이메일 속 몇 줄 문장에서도 카리스마는 드러난다. 말투와 시선, 작은 제스처가 고객의 마음을 움직이고, 그 순간 거리는 줄어들며 신뢰는 시작된다. 《포브스》 역시 카리스마 있는 비즈니스맨이 비

대면 환경에서도 더 빠르게 신뢰를 쌓고, 더 오래 관계를 유지한다고 강조한다.

카리스마는 고객의 결정을 움직이고, 당신의 비즈니스를 성장시키는 가장 전략적인 힘이다.

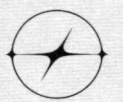
Outlook (외적 이미지)
첫 7초. 보이는 당신의 이미지가 모든 것을 말한다

비즈니스 세계에서 가장 무서운 적은 경쟁자가 아니라 첫인상에서 잃는 신뢰다.

고객은 당신의 이야기를 듣기 전에 이미 당신을 평가한다. 단 7초 안에 내려지는 그 평가는 당신이 아무리 훌륭한 조건을 제시해도 되돌리기 어렵다.

외모와 복장은 단순히 '멋을 부리기 위한 것'이 아니다. 잘 맞는 슈트 한 벌은 당신을 전문가로 보이게 한다. 깔끔한 셔츠와 정돈된 헤어는 꼼꼼함과 신뢰성을 전달한다. 작은 디테일까지 관리된 모습은 '이 사람에게 내 돈, 내 미래를 맡겨도 되겠다'라는 안정감을 준다.

비즈니스맨의 아웃룩은 '잘 보이기' 위한 것이 아니라, 고객과의 관계를 구축하고 그들의 마음을 사로잡기 위한 전략적 도구이다.

심리학자 앨버트 메라비언(Albert Mehrabian)의 연구에 따르면, 사람들은 상대를 판단할 때 언어보다 시각적 신호에 훨씬 더 큰 영향을 받는다. 즉, 당신이 무슨 말을 하든 고객은 이미 당신의 외적 이미지로 신뢰 여부를 결정하는 셈이다. 특히 무형 상품의 경우 고객은 그 상품을 대표하는 사람을 산다.

따라서 외적 이미지는 고객이 당신을 선택하는 첫 번째 이유가 된다. 외모는 결국 이렇게 속삭인다. "나는 신뢰할 수 있는 사람이다." 이것이 고객에게 전달되는 그 순간 비즈니스의 성공으로 이어지는 첫 단계가 된다.

Relationship (관계 구축)
고객이 떠나지 않게 만드는 숨은 힘

좋은 상품, 합리적인 가격, 뛰어난 조건도 고객을 오래 붙잡지 못한다. 고객이 마지막까지 기억하고 다시 찾게 되는 이유는 단 하나, 관계다. 고객은 물건을 사는 것이 아니라 사람과의 경험을 산다.

따라서 관계는 비즈니스의 부가 요소가 아니라 성공의 중심축이다. 언어와 태도 하나하나가 고객의 심리적 장벽을 허물고, '이 사람과 함께라면 안전하다'는 신뢰를 심어준다.

심리학자 존 고트먼(John Gottman)은 연구를 통해 긍정적인 상호작용이 부정적인 것보다 5배 많을 때 관계가 오래 지속된다고 밝혔다. 이는 단순한 인간관계의 진리가 아니라, 세일즈의 절대 법칙이다. 고객과의 대화가 공감과 진정성 위에 있을 때, 그 관계는 단순한 거래를 넘어 장기적인 파트너십으로 발전한다.

실제 글로벌 보험사의 한 사례가 이를 증명한다. 재무설계사가 고객의 불안을 진심으로 경청하고, 맞춤형 해결책을 제시했을 때, 고객 충성도와 만족도가 30% 이상 상승했다. 고객은 이익만 좇는 판매자보다, 나를 이해해주는 파트너에게 더 깊은 신뢰를 보낸다.

《사이언스 데일리》에 수록된 연구 결과 역시, 사람들이 감정적으로 깊이 연결된 상대와 거래할 때 가격이 더 비싸도 그 관계를 유지한다고 밝혔다. 결국, 관계는 단순한 친밀함이 아니라 고객이 경쟁사로 이동하지 못하게 하는 가장 강력한 방어막이다.

놓치지 마라! 당신이 쌓는 관계는 밝은 미소나 인사말이 아니다. 진정한 소통은 고객을 떠나지 않게 붙잡는 힘이며, 단기 성과를 넘어 평생 고객을 만드는 핵심 열쇠다.

 ## *Emotion* (감정 지능)
흔들리지 않는 사람만이 끝까지 끌린다

비즈니스는 끊임없는 압박과 거절의 연속이다. 고객의 "아니요!" 한마디에 표정이 흔들리고, 목소리가 떨리며, 태도가 무너진다면 그 순간 신뢰는 이미 깨진다. 결국, 고객은 '이 사람에게 내 자산, 내 미래를 맡겨도 될까?'라는 의심을 품게 된다.

반대로 감정을 안정적으로 다스리는 사람은 다르다. 거절 속에서도 당황하지 않고 미소를 잃지 않는 사람, 실패를 성장이란 프레임으로 전환하는 사람은 오히려 고객에게 더 큰 신뢰와 매력을 심어준다. 감정 관리가 우리가 흔히 이해하는 멘탈 훈련이 아니라, 상대의 마음을 움직이는 전략적 무기인 이유다.

마틴 셀리그만의 연구에 따르면, 낙관적인 태도를 유지하는 세일 즈맨은 그렇지 않은 사람보다 37% 더 높은 성과를 거둔다. 이렇듯 감정 지능이 곧 성과의 분기점이자, 평범한 영업자와 매력적인 파트너를 가르는 경계선이 된다.

에이미 커디의 연구도 이를 뒷받침한다. 감정적으로 안정된 사람은 비언어적 표현에서도 더 큰 신뢰와 권위를 드러내며, 메시지 자체가 설득력을 얻는다. 즉, 내적 평정은 곧 외적 카리스마로 이어진다.

더 중요한 것은, 감정 지능은 단지 부정적인 감정을 억누르는 것이 아니라는 점이다.

마음 챙김, 명상, 자기 성찰과 같은 자기 감정 케어는 부정적인 감정을 건강하게 해소하고, 에너지를 회복시켜 준다. 이 과정에서 비즈니스맨은 소진되지 않고 오히려 더 단단해진다.

고객은 당신이 얼마나 많은 스킬을 가졌는지보다, 거절 앞에서 무너지는지, 끝까지 흔들리지 않는지를 살펴본다.

거센 폭풍 속에서도 똑바로 서 있는 나무처럼, 압박과 실패 속에서도 흔들리지 않는 태도는 바로 '이 사람은 믿을 수 있다'라는 확신으로 바뀐다.

기술은 잊힐 수 있다. 화려한 말솜씨도 오래가지 않는다. 그러나 감정을 다스려내는 힘은 고객의 눈에 '끝까지 의지하고 싶은 사람'이라는 치명적인 매력으로 새겨진다.

이 차이가 바로 고객이 계약을 망설이다가도 결국 당신을 선택하는 결정적 순간을 만든다.

1장 | *Charisma* 카리스마

2장 | *Outlook* 외적 이미지

3장 | *Relationship* 관계 구축

4장 | *Emotion* 감정 지능

Charisma

카리스마

카리스마는 리더십과 존재감을 나타내는 중요한 요소이다. 고객과
의 첫 만남에서 신뢰를 얻고, 강력한 인상을 남기기 위해서는 카리
스마가 필수적이다. 카리스마는 고객을 사로잡고, 신뢰를 쌓으며,
강력한 리더십을 발휘할 수 있도록 돕는다.

이미지 브랜딩 없이
고객을 만나지 마라!

고객은 당신의 말이 끝나기도 전에 이미 판단을 내린다. '이 사람, 끝까지 믿고 싶은가? 아니면 그냥 또 다른 영업사원인가?' 여기서 승부를 가르는 것이 바로 카리스마다.

카리스마는 고객의 눈앞에서 당신의 정체성과 전문성, 신뢰감이 한순간에 응축되어 폭발하는 힘이다.

이미지 브랜딩 없이 고객을 만난다는 것은, 조명 없는 무대에 서는 배우와 같다. 아무리 훌륭한 대사를 준비해도, 빛이 없다면 관객의 눈에는 당신이 존재하지 않는다.

카리스마는 그 조명이다. 고객의 시선을 당신에게 고정시키고, 메시지를 '가장 설득력 있게' 들리게 만든다.

연구에 따르면, 고객은 제품이나 서비스보다 먼저 사람의 태도와 에너지를 본다. 그 사람의 '그 무엇!' 그 하나는 고객의 뇌리에 단 하나의 인식만 남긴다. 카리스마는 꾸며낸 매력이 아니라, 전략적으로 준비된 이미지 브랜딩의 결과물이다.

- **정체성(Identity):** '나는 어떤 이유로 이 일을 하는가'라는 믿음을 드러내라.
- **비주얼(Visual):** 고객의 기억에 남을 시각적 일관성을 유지하라.
- **일관성(Consistency):** 어떤 자리에서도 같은 메시지를 전달하라.
- **감정 연결(Emotional Bond):** 고객이 '이 사람은 나와 통한다'라고 느끼게 하라.

이 네 가지를 결합해 압축한 것이 바로 카리스마다. 기억하라. 고객은 당신의 상품이 아니라, 당신의 카리스마를 먼저 구매한다.

정체성 정의

당신이 이 일을 하는 이유에 대한 진정성을 발산해야 한다. 그래야 고객이 당신의 모습을 마음속에 담아둔다. 자신의 신념, 목표, 비전 등을 명확히 하고 이를 기반으로 정체성을 수립하는 것이 이미지 브랜딩의 시작이다. 직업적 전문성은 물론 자신의 가치관과 개성을 반영한 정체성으로 이미지를 구축해야 한다. 앞에서도 말했듯이 이 이미지에는 진정성이 살아 있어야 한다. 포장된 가짜 이미지는 강력하지도, 매력적이지도 않다.

비주얼 요소

————

시각적 이미지는 매우 중요하다. 나의 첫인상을 형성하기 때문이다. 이미지 브랜딩을 위한 비주얼 요소로는 복장, 헤어 스타일, 액세서리 등이 포함된다. 핵심은 상대가 나를 매력적으로 받아들이고 오래 기억할 수 있게 하는 것이다. 이를 위한 이미지 전략을 수립하는 과정이 필요하다.

일관성 유지

————

나의 정체성을 정의하고, 이에 걸맞은 비주얼 요소를 통해 시각적 이미지를 구축했다면, 이것을 일관성 있게 표현해야 한다. 이곳에서는 이런 모습, 저곳에서는 저런 모습을 드러내며 생활한다면 신뢰성을 잃게 된다. 그런 이미지는 산만하여 흩어지기에 강력하지 않다. 따라서 모든 접점에서 똑같은 정체성과 메시지, 비주얼을 유지하여 신뢰성을 높이고 인식을 강화해야 한다.

감정 연결

————

고객과의 감정적인 유대를 형성하여 더 깊은 관계를 만들어낸다. 고객의 피드백을 주의 깊게 받아들이고 이것을 세심하게 검토하여 필요한 경우 이미지를 조정한다. 고객의 부정적 반응에 절망할 필요가 없다. 이를 개선의 기회로 삼는 긍정적 태도를 지니면 그것으로 충분하다. 고객의 피드백에 적극적으로 대응한다면 고객과의 감정적 유대가 더 돈독해지고 관계는 깊어질 것이다.

이러한 이미지 브랜딩을 통해 신뢰성과 전문성을 구축하자. 비즈니스맨은 고객의 재산, 일상생활, 행복감, 삶의 목표 등을 다루므로 높은 수준의 전문성을 유지해야 한다. 이와 함께 정직하고 투명한 태도를 통해 신뢰를 쌓아야 한다.

✵
온라인 카리스마의
법칙

온라인 프로필의 치명적 실수들

대부분의 비즈니스맨이 온라인 프로필을 만들 때 저지르는 첫 번째 실수는 너무 많은 것을 보여주려 한다는 것이다. 마치 자신의 모든 것을 증명해야 한다는 강박에 사로잡힌 듯, 학위증서 10여 개를 나열하고 참여했던 모든 프로젝트를 설명하려 든다. 하지만 정작 성공하는 사람들은 핵심 한 줄만 쓰거나 가장 임팩트 있는 하나의 성과만 강조한다. 승자는 언제나 후자였다.

두 번째 실수는 더욱 치명적이다. '친근한 이미지'를 만들겠다며 가족사진을 올리거나 취미 생활을 과도하게 노출한다. 하지만 그 순간 당신은 전문가가 아닌 일반인이 되어버린다. 온라인에서 당신은 개인이 아니라 브랜드라는 사실을 잊어서는 안 된다. 고객은 친구가 아니라 전문가를 찾고 있다는 점을 명심해야 한다.

1% 성공자들만 아는 온라인 카리스마 법칙

———

정말 성공한 사람들은 신비주의 전략을 활용한다. 모든 것을 보여주지 않고 오히려 궁금하게 만든다. "15년 경력의 마케팅 전문가입니다"라고 평범하게 소개하는 대신 "불가능을 가능으로 만드는 사람"이라고 표현한다. 이런 한 줄이 상대방의 호기심을 자극하고 더 알고 싶게 만든다.

숫자의 마법도 놓칠 수 없는 요소다. "많은 기업과 성공적으로 작업했습니다"라는 모호한 표현보다 "847개 기업의 매출을 평균 127% 증가시켰습니다"라는 구체적 수치 하나가 천 마디 설명보다 강력하다. 숫자는 믿음을 주고, 믿음은 신뢰로 이어진다.

흥미롭게도 모든 사람이 성공 이야기를 늘어놓을 때, 정작 관심을 끄는 것은 실패 이야기다. "10억을 날린 날 배운 가장 소중한 교훈"이라는 제목이 "10억을 번 방법"보다 더 많이 읽히고 더 오래 기억된다. 역발상 콘텐츠야말로 진짜 차별화의 시작이다.

또한, 성공하는 사람들은 시간차 전략을 활용한다. 메시지가 와도 즉시 답변하지 않는다. 물론 긴급한 업무나 중요한 고객 응대는 신속하게 처리하지만, 그렇지 않은 경우 적절한 시간을 두고 답변하는 것이 더 큰 임팩트를 준다.

'바쁜 사람일수록 신중하다'는 인식을 자연스럽게 심어주기 때문

1장 Charisma(카리스마)

이다. 단, 이는 상대방을 무시하거나 일부러 늦추는 것이 아니라, 자신의 업무 우선순위에 따라 체계적으로 응답하는 습관을 의미한다.

멀티미디어의 숨겨진 위력

———

"동영상 하나가 이력서 100장보다 강하다"는 말이 있다. 실제로 그렇다. 하지만 대부분이 잘못된 방식으로 접근한다. 완벽한 스튜디오에서 준비된 대본을 읽는 영상보다는 실제 업무 현장에서 문제를 해결하는 모습을 보여주는 것이 훨씬 효과적이다.

실제 사례가 이를 증명한다. 한 세무사가 복잡한 세금 계산을 30초만에 설명하는 영상을 올렸더니 조회 수 50만 회를 기록했고, 신규 고객이 300명 증가했다. 그 비밀은 간단했다. 어려운 것을 쉽게 만드는 능력을 명확하게 보여준 것이다. 사람들은 완벽한 발표보다 진짜 실력을 보고 싶어 한다.

고객 후기의 새로운 차원

———

"친절하고 실력이 좋아요"라는 평범한 후기와 "이 사람 덕분에 우리 회사가 파산 위기에서 벗어났습니다"라는 후기 중 어느 것이 더 강력할까? 당연히 후자다. 하지만 더 강력한 전략이 있다. 후기를 받으려고 노력하지 말고, 후기를 만들어라. 고객이 스스로 자랑하고 싶어

지는 결과를 만들어주는 것이다. 그들이 주변에 당신을 자랑하게 만
드는 것, 그것이 진짜 마케팅이다.

네트워킹의 진화된 공식
————

구식 네트워킹은 명함을 많이 모으는 것이었다. 하지만 신식 네트워
킹은 한 사람이 나를 확실하게 기억하게 만드는 것이다. 방법은 간단
하다. 만난 사람마다 그들만을 위한 맞춤 콘텐츠를 제작하는 것이다.
"김 대표님과의 만남에서 영감을 받아 쓰는 글"이라는 제목으로 그
들의 통찰을 다룬 글을 써보라. 그들은 당신을 평생 기억할 것이고,
주변 사람들에게 당신을 소개해줄 것이다.

　디지털 시대의 카리스마는 노출에서 나오는 것이 아니라 임팩트
에서 나온다. 보여주는 것보다 기억되는 것이 중요하다. 당신의 온라
인 프로필이 누군가가 7초 만에 '이 사람은 다르다'고 느끼게 한다면,
그것이 바로 디지털 카리스마의 시작이다. 온라인에서 투명한 사람
은 현실에서도 투명하다는 사실을 잊지 말아야 한다.

이미지 브랜딩의
최대 분수령

첫인상은 7초? 아니다, 0.1초 안에 결정된다

하버드대학의 심리학자 날리니 암바디(Nalini Ambady) 교수의 연구를 살펴보면, 학생들은 교수의 강의를 2초만 보고도 '유능하다, 친절하다' 같은 판단을 내렸고, 이 평가는 학기 말에 다시 한 평가와 70% 이상 일치했다.

즉, 첫 순간의 인상은 직관이 아니라 과학적 '스냅 저지먼트(thin-slice judgment)'이다. '명함 건네는 자세'보다, 극히 짧은 순간에 풍기는 에너지와 태도가 상대방의 인식을 결정한다.

고객은 말보다 마이크로 시그널을 읽는다

———

심리학자 앨버트 메라비언(Albert Mehrabian)의 커뮤니케이션 공식에 의하면, 의미 전달에 있어 비언어(표정·태도)가 93%이고 말의 내용은 7%에 불과하다.

　우리는 '어떤 말을 할까?'를 고민하지만, 고객은 표정과 태도로 결정한다. 예를 들어 시선 회피, 움츠린 어깨, 약한 악수만으로 신뢰도를 급락시킬 수 있다. 반대로 짧은 순간의 눈 맞춤, 부드러우면서도 단호한 악수, 고개를 조아리지 않는 수평 턱선은 고객에게 '이 사람은 나를 리드할 준비가 되어 있다'는 신호로 각인된다.

'첫 만남 스크립트'는 준비된 자만이 쓴다

———

뇌과학 이론에 따르면, 사람의 이름을 불러주는 순간 상대는 도파민이 분출되어 친밀감을 느낀다. 첫인사에는 반드시 고객의 이름과 함께 짧은 칭찬(첫 만남일 때)이나 기억 언급(기존 고객일 때)을 포함하라.

　"홍순아 대표님, 전에 기사에 실린 기업 비전 말씀 정말 인상 깊었습니다. 이렇게 직접 뵙게 되어 반갑습니다." 이런 개인화된 첫인사는 단순한 "만나서 반갑습니다"보다 기억 지속 시간이 3배 이상 유지된다.

첫 만남은 협상 전 '앵커링'이다

심리학자 아모스 트버스키(Amos Tversky)와 대니얼 카너먼(Daniel Kahneman)의 연구에 따르면, 인간은 처음 접한 숫자·정보·인상에 지나치게 의존하는 경향이 있다.

예를 들어 가격 협상에서 제시된 첫 숫자가 이후 최종 합의 가격을 결정짓는 기준점이 되는 것처럼, 첫 만남에서 보여준 태도와 이미지가 이후 모든 평가의 앵커가 된다.

즉, 첫 만남에서의 앵커링(anchoring) 작동은 첫 3분의 이미지가 전체 관계를 프레임한다. 고객은 첫 순간의 자신감 있는 톤, 눈 맞춤, 자세를 '이 사람은 전문적이다'라는 앵커로 잡아두면, 이후 작은 실수는 '피곤했나 보네'라며 대수롭지 않게 여긴다.

하지만 부정적 앵커는 쉽게 바뀌지 않는다. 첫인상에서 우유부단하거나 불안한 기운을 보이면, 이후 아무리 완벽한 자료와 제안을 내놔도 고객은 '겉으론 번듯하지만 뭔가 불안하다'는 초기 판단을 수정하지 않는다.

실제 비즈니스 상황에서 협상 시 처음 인사, 첫 제안, 첫 가격이 모두 심리적 기준점이 된다. 그러므로 첫인사는 "반갑습니다"가 아니라 무엇이라도 짧지만 힘 있는 자기 포지셔닝으로 시작해야 한다.

"저는 지난 10년간 금융권 VIP 고객만을 맡아온 ○○○입니다. 오늘은 대표님께 꼭 맞는 전략을 공유 드리러 왔습니다."

첫 만남의 옷차림·표정·악수 강도 등이 고객의 무의식 속 '프레임'을 결정한다. 이후 설명·자료는 이 프레임 안에서 해석된다.

연구에 따르면, 첫인상에서 부정적 앵커로 각인된 경우 이를 회복하려면 긍정적 경험이 최소 8~10회 이상 반복되어야 한다. 생각해보라. 현실적으로 영업·상담에서 이런 위기이자 기회는 거의 없다.

상대의 마음을 읽으면
주도권이 보인다

"사랑하면 알게 되고 알게 되면 보이나니, 그때 보이는 것은 전과 같지 않으리라."

조선 정조 때의 문장가 유한준(俞漢雋)이 남긴 '지즉위진간(知則爲眞看)'을 전 문화재청장 유홍준 교수가 고쳐서 인용하여 유명해진 구절이다.

이 말은 비즈니스와 고객에도 적용할 수 있다. 고객을 사랑한다고 말하면서 고객에 대해 알려 하지 않는다면, 그는 거짓말을 하는 것이다. 애정과 관심이 가는 대상에 대해서는 알고 싶어 하는 것이 순리다. 그리고 알게 되면 새로운 세계가 보이며 새로운 차원이 열린다.

고객에 대해 알고 싶어 하라. 그가 어떤 사람인지 알려주는 단서를 찾아라. 머리부터 발끝까지 유심히 보라. 머리 스타일, 복장, 액세서리, 가방, 신발, 옷의 구김까지…. 이 단서들로부터 그가 어떤 사람인지 알려고 노력하라.

물론 단번에 상대를 정확하게 파악할 수는 없다. 중요한 것은 알아가려고 노력하는 과정이다. 이 과정에서 고객을 리드할 수 있다. 고객을 미리 간파함으로써 휘둘리지 않고 대응할 수 있다.

나는 명함을 주고받을 때면 한마디를 툭 건네며 고객의 단서를 찾곤 한다. 예를 들면 이런 식이다. "대표님. 로고가 아주 독특합니다. 어떤 의미가 있나요?" 그리고 고객의 답변을 들으며 상대방에 대한 단서를 발견한다. 상대의 기분, 감정, 대화 스타일, 행동 등을 모두 느끼려 한다. 그리고 그대로 따라 하면서 그 리듬을 탄다. 그러면 만남을 주도하게 된다.

고객에 대한 단서를 찾는 데는 평소 훈련이 중요하다. 나는 우리 회사 직원의 기분을 파악하려고 단서를 찾는 걸 즐기는 편이다. 대화는 이런 식으로 이어진다.

"점심, 뭐 먹었어요?"

"오늘 더워서, 매운 낙지 먹었더니 속이 다 시원한 거 있죠."

그러면 나는 그 톤과 뉘앙스를 읽어내면서 직원의 감정을 파악하고 그 선을 따라간다. 이때 조금 빠른 속도로 반응한다.

"아! 진짜요? 어디예요, 어디예요? 다음엔 꼭 같이 가요. 나도 너무 땡기네요."

또, 다른 직원에게도 같은 질문을 한다.

"점심 뭐 먹었어요?"

그러자 그는 힘없이 천천히 대답한다.

"시간이 없어서, 그냥 편의점에서 대충 먹었어요."

그러면 나는 조금 느린 속도로 반응하며 말한다.

"아니 왜요? 그래도 점심은 잘 먹어야죠."

'지금 상대가 말할 기분이 아니네'라는 느낌이 감지된다면, 고조되지 않게 적당하게 반응을 해주는 게 상대에 대한 예의이며 효과적인 대화 요령이다.

작정한 듯이 달려드는 것은 바람직하지 못하다. 조급해 보일 뿐이다. 프로는 여유 있게 그의 스타일과 행동과 언어를 읽어내고 그의 감정을 리드한다.

상대가
헷갈리지 않게 하라

혼란을 주는 사람은 선택받지 못한다.

비즈니스 리더가 갖춰야 할 최고의 이미지가 무엇인지 묻는다면, 대부분 트렌디한 패션이나 화려한 컬러, 완벽한 스타일링을 떠올린다. 하지만 나는 단호하게 말한다. "최고의 이미지는 고객이 나를 보고 '헷갈리지 않게 하는 것'이다." 이것이야말로 최고의 이미지 구축이다.

예를 들어, 전화로만 인사를 나눈 고객과 카페에서 처음 만나기로 했다. 구석 테이블에 앉아 여유롭게 기다리고 있었는데, 고객이 카페에 들어와서는 나를 찾지 못해 헤맨다. 여러 테이블을 전전하며 "혹시 홍 팀장님 아니신가요?"라고 묻고 다닌다. 심지어 나를 한 번 봤는데도 지나친다. 그 순간 깨달아야 한다. 내가 '나다움'을 제대로 드러내지 못했구나.

이는 단순한 외모의 문제가 아니다. 상대방이 나를 보는 순간 '이 사람이다!'라고 직감할 수 있는 일관된 정체성의 문제다. 만약 구석에 앉은 나를 보고 단박에 알아차리고, 의심 없이 "홍 팀장님이시죠?"라고 말할 수 있다면, 그것이 바로 헷갈리지 않는 이미지를 구축한 것이다.

나 역시 난처한 상황을 겪은 적이 있다. 어느 날 기업 강의를 하러 갔는데, 담당자가 나를 보더니 "어… 혹시 강사님이세요?"라고 망설이며 물었다. "아, 강사님이시죠!"라는 확신에 찬 반응이 나와야 정상인데, 너무 지나친 화려함에 강사다움이 부족했던 모양이다.

변호사를 만났는데 그의 외양이 지나치게 화려하다면 어떤 느낌이 들까? 그가 시스루나 민소매, 깊게 파인 상의를 입고 있거나, 명품에 커다란 액세서리를 치렁치렁 달고 있다면 보는 사람은 당연히 불안감이 든다. '중요한 계약서 검토를 맡길 수 있을까?' 하는 의구심이 든다. 바로 보이는 전체적 이미지가 비즈니스맨이자 전문가답지 않기 때문이다.

하지만 나다운 이미지는 외적 이미지에만 해당하는 덕목이 아니다. 내면의 단단함이 받쳐주지 않으면 나다운 이미지를 구축하거나 유지하기 어렵다. 내면의 이미지 없이 외적인 이미지만 갖춘다면 한계를 맞이하게 된다. 내면과 외면의 조화가 이루어져야 진정한 카리스마가 형성된다.

옷을 잘 입는 것보다 어떤 마음을 드러낼지가 더 중요하다. 말을 잘하는 것보다는 어떤 호흡으로 대화하느냐가 더 중요하다. 때로는 표현보다 뉘앙스의 강조가 더 중요한 시대임을 잊지 말아야 한다. 상대가 나를 보는 순간 '이 사람이다'라는 '다움!', 직업이든 나를 드러내든 '나다움!'의 확신을 갖게 만드는 것, 그것이 진짜 카리스마의 시작이다.

모든 경험을
베이스캠프로 삼아라!

업무가 잘 풀리리라는 기대를 품고 전문가를 만났는데, 그가 의기소침하고 자신 없이 이렇게 말한다면 어떤 느낌이 들까? "제가 이 일을한 지 얼마 안 돼서요…."

물론 해당 업무의 오랜 경험은 중요한 것이다. 그런데 그것이 좀부족하다고 해서 자신 없는 모습을 보이는 것은 바람직하지 않다. 부정적 이미지가 구축될 것이다.

성공에 대해서 생각해보자. 한 길만 걷는 것도 한 방법이고 다양한 경험을 축적하며 역량을 쌓는 것도 또 다른 방법이다. 이미지 브랜딩을 하는 데 한 업종에서의 오랜 경력이 필수적인 것은 아니다.

전직한 사람들을 대상으로 강의를 하다 보면 종종 고민의 목소리를 듣는다. "내가 아무리 열심히 한다고 하더라도, 이 일만 10년 넘게한 사람을 따라갈 수 있을까요? 지금 새로운 길을 가는 게 과연 옳은

지 고민이에요. 지금 시작해서 제대로 될까요?"

우리는 흔히 한 길만 걸어온 사람들에게서 직업 경로의 모범을 찾곤 한다. 그들은 하나의 분야에서 깊이 있게 연구하고, 그 길을 지속해서 걸어가며 명성을 쌓았다. 이것은 무시할 수 없는 현실이다. 하지만 다른 각도에서 생각할 수도 있다. 다양하고 사소한 경험들이 모여 결국 지금 내 일을 위한 강점으로 작용하기도 한다. 이미지 브랜딩 측면에서 표현하자면 내가 축적한 모든 경험이 나의 정체성을 형성하고 고객을 설득하는 데 도움이 될 수 있다.

애플의 창업자 스티브 잡스는 대학 시절 서예 수업을 들었다고 한다. 컴퓨터 제조와는 관련이 없어 보이는 특이한 분야다. 그가 앞으로의 직업에 활용하기 위해 서예를 배운 것은 아니다. 그저 흥미를 느꼈기 때문에 공부했다. 하지만 서예를 배운 경험은 매킨토시 컴퓨터의 아름다운 타이포그래피를 탄생시키는 데 도움이 되었다. 이는 단순한 기술 이상의 차별화를 만들어냈고, 애플의 디자인 철학에도 깊은 영향을 주었다. 서예 수업이라는 사소하고 엉뚱한 경험이 훗날 잡스의 창조적인 업적에 중요한 요소로 작용한 것이다.

해리 포터 시리즈의 작가 J.K. 롤링은 다양한 직업을 경험했다. 그녀는 연구원, 교사, 비서, 번역가 등 여러 분야에서 일했고, 각기 다른 직업에서 얻은 경험과 통찰은 그녀의 글에 풍부함을 더해주었다. 결국, 이것들이 해리 포터 시리즈의 세계관을 구성하는 데 큰 역할을 했다. 다양한 직업 경험이 그녀의 글쓰기 경력에 중요한 자산이 된 것이다.

다이슨 진공청소기를 개발한 제임스 다이슨은 무려 5,127번의 실패를 겪었다고 알려진다. 하지만 실패가 무의미했던 것은 아니다. 실패한 시도들 각각은 다음 시도의 밑거름이 되었고, 결국 혁신적인 청소기를 탄생시키는 데 큰 힘을 보탰다. 반복된 실패와 그로부터 얻은 교훈이 그의 직업적 성공을 이루는 데 중요한 역할을 한 것이다.

여러 사례를 종합해서 볼 때 다양한 경험의 축적, 심지어 실패한 경험의 축적조차 새로운 미래를 위한 자원이자 원동력이 됨을 알 수 있다. 사소한 경험 하나하나가 모여 우리에게 새로운 기회를 열어준다.

우리는 때로 지금 하는 일과 관련이 없어 보이는 경험, 사소하고 보잘것없는 경험, 실패로 좌절한 경험이 직업적 역량이나 커리어와 무관하다고 생각한다. 하지만 다양한 경험의 축적은 혁신적이고 창조적으로 직업 경로를 개척하는 무기가 된다.

이러한 사고방식은 현대 사회에서 더욱 중요해지고 있다. 빠르게 변화하는 세상에서 다양한 경험과 스킬 세트를 가진 사람들은 더욱 유연하게 새로운 기회를 찾아갈 수 있다. 따라서 우리는 사소한 경험도 소중히 여기고, 그로부터 배울 수 있는 모든 것을 배워야 한다. 그러면 우리의 직업적 미래는 더욱 풍부하고 창의적으로 바뀔 것이다.

한 길만 고집해온 사람은 그 나름의 강점과 역량을 가지고 지금 일을 밀고 나가면 된다. 하지만 다른 분야에서 경력을 새롭게 시작하는 사람들은 기존 경험을 무시하지 말고, 이를 자산으로 삼아 자신을 발전시켜 나가는 것이 바람직하다. 자신감을 잃고 무기력해하거나 미래에 대한 불안감을 느낄 필요가 없다. 그보다는 다양한 경험의 축적이 새로운 기회를 불러올 수 있다는 긍정적 사고와 기대를 갖고 창의적으로 임하는 게 직업적 미래를 밝히는 등불이 될 것이다. 넓은 경험의 폭과 그로부터 얻은 지혜는 자신이 소중히 여기고 가꾸어야 더 나은 내일을 만들어갈 힘으로 활용할 수 있기 때문이다.

전공 없이도 이룬 25년, 이미지 컨설턴트가 된 나의 이야기

나는 가끔 뜻밖의 질문을 받곤 한다.

"색채학이나 패션 디자인을 전공하셨나요?"

"스타일링이나 의상학 관련 직업이셨겠네요?"

25년째 이미지 컨설턴트로 활동하며 H그룹, L그룹, S그룹 임원들과 정치인, 연예인들의 이미지 코칭을 하고 있는 나에게 자주 들어오는 질문들이다.

하지만 답은 모두 "아니오"다. 나는 이미지와는 전혀 무관한 분야를 전공했다. 그런데도 어떻게 대기업 임원들과 유명인들 앞에서 당당히 강의하고 컨설팅할 수 있게 되었을까?

첫 직장에서 찾은 새로운 의미

———

대학 졸업 후 교수님 추천으로 들어간 첫 직장은 강남 중심가의 작은 무역회사였다. 일본과 주로 거래하는 회사였는데, 솔직히 딱 끌리지는 않았다.

'이곳에서 내 미래를 찾을 수 있을까?' 매일 출근길마다 이런 생각이 들었다. 이직을 진지하게 고민했지만, 추천해주신 교수님께 죄송한 마음이 들었다. 그리고 무엇보다 '기왕 시작했는데 최소 1년은 다녀봐야 하는 것 아닌가?' 하는 생각이 들었다.

그러던 어느 날, 사무실 근처에서 일본어 학원 간판이 눈에 들어왔다. 그 순간 번뜩 아이디어가 떠올랐다.

'그래, 일본어를 배우자! 일본어 공부를 위한 직장생활로 마인드를 바꿔보자.'

바로 일본어 학원 1년 과정을 등록하고 나니 신기하게도 회사에 대한 스트레스가 확 줄어들었다. 회사는 일본어를 배우기 위해 다니는 곳이 되었고, 업무는 일본어 실전 연습의 기회가 되었다.

운명적 만남, 면세점에서의 깨달음

———

1년 후, 일본어 실력이 제법 늘었을 때 이상한 욕구가 생겼다. 일본어를 더 전문적으로 배우고 싶다는 마음이었다. '일본어를 일상적으로 쓸 수 있는 곳이 어디일까?'

당시 면세점 고객의 90% 이상이 일본인이었다. 나는 주저 없이 면세점 취업을 결심했다. 면세점 의류 브랜드에서 근무하게 되면서, 또 다른 목표를 세웠다. 매장 디스플레이 자격증을 따고, 일본어 번역 실력을 키우겠다는 것이었다.

그런데 매장 디스플레이를 공부하면서 놀라운 발견을 했다. 매장 디스플레이는 단순히 옷을 예쁘게 걸어놓는 게 아니었다. 브랜드의 아이덴티티를 표현하고, 고객의 마음을 움직이는 정교한 예술이었다.

브랜드의 색상과 테마를 일관성 있게 유지하면서도, 시즌별로 다른 스토리를 전달해야 했다. 바캉스 테마, 크리스마스 테마처럼 고객의 감정에 어필하는 것이 핵심이었다.

조화로운 색채 구성, 시각적 균형, 포커스 아이템 설정, 스포트라이트를 활용한 시선 집중까지…. 이 모든 것이 체계적인 학문이었다.

인생의 터닝 포인트

그러던 어느 날, 운명 같은 깨달음이 찾아왔다. '디스플레이의 원칙을 매장이나 마네킹이 아니라, 사람이라는 브랜드에 적용하면 어떨까?' 그 순간 모든 퍼즐이 맞춰지는 느낌이었다. 사람도 하나의 브랜드다. 각자의 개성과 매력을 가진 고유한 브랜드 말이다.

나는 사람의 체형과 색상을 더 깊이 파고들기 시작했다. 의류와 디자인을 학습했고, 해외 프로그램을 도입하고 일본 자격 과정을 통해 전문성을 쌓아갔다. 그렇게 개인 컨설팅의 문을 열었다.

진짜 이미지는 내면에서 나온다

_____

개인 컨설팅으로 고객들의 외적 이미지를 자문하면서 중요한 사실을 깨달았다. 외적 이미지는 결국 내면의 자연스러운 발로라는 것이었다.

진정한 이미지 컨설팅의 완성을 위해서는 심리를 이해해야 했다. 그래서 다시 심리학을 전공하게 되었다. 심리학 공부는 고객 이해의 폭을 넓혀주었을 뿐만 아니라, 업무에도 직접 적용할 수 있었다.

예를 들어, 고객의 왼쪽과 오른쪽 중 어느 편에 서서 설명해야 집중도가 높아지는지, 백화점 에스컬레이터를 타고 2층에 내린 고객이 심리적으로 오른쪽과 왼쪽 중 어느 쪽으로 이동하는지, 남성과 여성 고객에게 각각 몇 개의 상품을 권하는 게 효과적인지…. 이런 심리적 패턴들을 파악하고 활용할 수 있게 되었다.

나만의 세 가지 무기

_____

내가 오랜 시간을 들여 꾸준하게 공부하며 성장할 수 있었던 이유는 관련 학위 못지않은 남다른 세 가지를 갖추고 있었기 때문이라고 자부한다. 일본 프로그램 심리 과정 중 강점 찾기에서 발견한 나의 강점 세 가지가 나를 지치지 않게 이 자리로 이끌어주었다.

근면, 성실, 겸손.

이 세 덕목을 밑바탕으로 다양한 경험을 쌓아올 수 있었던 것 같다. 또한, 기업 교육 컨설팅 30년 차를 유지한 이유이기도 하다.

첫째, 근면이 만든 전문성의 깊이는 차별화된 콘텐츠 개발, 고객 맞춤형 솔루션, 지속적 업데이트로 이어졌다.

둘째, 성실로 VIP 신뢰망을 구축했다. 임원이나 정치인들에게는 시간이 곧 돈이다. 약속된 시간, 약속된 결과를 정확히 지켜내는 것이 재계약과 추천의 핵심이었을 것이다. 그리고 기밀 유지와 프로페셔널리즘, 프로젝트 이후에도 지속적인 관심을 갖고 팔로우업하는 것. 이것들이 장기 고객과 추가 프로젝트로 연결되었으리라 짐작한다.

셋째, 겸손이 고객 접근성을 열어주었다. 나는 피드백 수용력이 뛰어난 편이다. "더 나은 방법이 있으시면 알려주세요"라고 말하는 자세가 클라이언트를 협력자로 만들었을 것이다. 이렇게 각 분야 최고들과 일하면서 그들로부터 계속 배웠다.

결국, 학위나 자격증이 아니라 내면의 이미지가 나를 끝까지 성장시킨 것이다.

모든 경험은 자산이 된다

————

지금 생각해보면, 지나온 세월의 크고 작은 모든 도전과 경험은 하나도 버릴 것 없는 미래 직업 창조의 역량이 되어왔다.

무역회사에서의 일본어 실습, 면세점에서의 글로벌 고객 서비스 경험, 매장 디스플레이를 통한 시각적 감각 훈련, 판매를 통한 고객 심리 이해…. 모든 것이 지금의 이미지 컨설팅에 살아 숨 쉬고 있다.

만약 내가 처음부터 이미지 관련 전공을 했다면, 과연 지금과 같은 차별적인 컨설팅을 할 수 있었을까? 그렇지 못했을 것이라 생각한다. 오히려 다양한 분야의 경험이 나만의 독특한 관점과 접근법을 만들어준 것은 아닐까?

당신의 경험 상자를 열어보라

지금 하는 일과 연관된 경력이 부족해 자신감을 잃은 독자가 있을 수도 있다. 하지만 '인생 2모작'이 흔한 현대 사회에서 경력 전환은 더 이상 특별한 일이 아니다.

관련 경험과 경력의 부족을 낮은 성과에 대한 변명으로 삼아서는 안 된다. 당신의 경험 상자가 닫혀 있다면 이것을 열어보자. 분명히 지금 도움이 될 재료가 있을 것이다.

무슨 일이 주어지더라도 그것과 부딪치는 것을 두려워할 필요가 없다. 그것을 즐길 이유를 찾아서 즐기며, 매 순간을 의미로 채우는 것이 중요하다. 허비해도 되는 시간은 없다. 삶의 모든 순간과 경험을 나만의 자산으로 만들어가자.

학위나 전공, 경력은 좋은 것이지만, 성공의 전부는 아니다. 지금까지의 모든 경험을 베이스캠프로 삼아라. 그러면 목표 지점이 훨씬 가까이 다가와 있음을 발견하게 될 것이다.

25년 전 무역회사 사무실 근처에서 우연히 본 일본어 학원 간판. 그때 그 작은 선택이 지금의 나를 만들었다. 인생은 정말 어디서 어떻게 흘러갈지 알 수 없다.

✳

개취의 시대,
내 취향에서 출발하는 주도적 삶

취향이 확실한 사람

———

지인 중 50대 싱글 여성이 있다. 나는 그녀가 무료하게 시간을 보내는 것을 한 번도 본 적이 없다. 이따금 전화를 걸면, 그녀는 항상 무엇인가 하고 있다. 수화기에서 들려오는 이야기는 대략 이렇다.

"아, 땡처리 여행 상품이 1인짜리가 있어서, 갑자기 해외 여행을 떠났어."

"술 한잔 마시고 싶은 기분이 들어서, 집 근처 단골 술집에 있어."

"오늘, 중요한 계약을 하나 성사시켰어. 그래서 동료와 친구들을 다 모아서 파티 중이야. 올래?"

"아, 요즘 냉면 맛집 탐방 중인데, 오늘은 을지로의 유명한 냉면집에 왔어."

"예전부터 배우고 싶은 게 있었는데, 마침 원데이 클래스가 열렸네. 지금 수업 듣고 있어."

"(가쁜 숨을 몰아쉬며) 지금 복싱 수업 중이야!"

"한양 도성 둘레길 산책 중이야. 여기 정말 좋은데!"

그녀와 통화할 때면, "정말 대단하다!"라는 감탄이 절로 나온다. 멋지다. 부러운 마음도 생긴다. 하지만 나는 절대 그렇게 생활하지 못할 것 같다. 혹 내가 E형이 아니라 I형이었나? 배가 고파서 혼자 식당에서 밥을 먹는 정도는 어찌 해보겠는데, 더는 할 수 없을 것 같다는 생각이 든다. 왜 그럴까? 잠시 고민해보니, 내가 시간을 주도적으로 보내지 못한 이유가 내 취향을 명확히 알지 못하기 때문이라는 깨달음이 생겼다.

앞에 말한 그분과 식사 약속을 잡을 때는 늘 같은 패턴이다. 항상 그녀가 강하게 제안한다. "여기 맛있고, 분위기가 좋아. 이쪽으로 와. 이것 먹자!" 그러면 내가 대답한다. "좋아. 그러지." 물론 싫은데 억지로 그렇게 하는 건 아니다. 하지만 내가 확신을 가진 건 아니다. 이런 상황이 반복되는 이유는 단순하다. 내가 내 취향을 확실히 모르기 때문이다. 그래서 선택을 주도하지 못한다. 나는 그녀와의 만남을 통해 자기 취향 파악의 중요성을 깊이 새겼다. 그리고 좀 더 주도적인 선택을 위해 노력하는 중이다.

자신의 취향을 명확히 아는 것은 주도적인 삶을 사는 데 매우 중요한 요소이다. 자신의 취향을 모르면 혼자 시간을 보내는 것이 버겁고, 다른 사람의 의견이나 행동에 쉽게 휘둘리기 쉽다. 반대로 자신의 취향을 명확히 알고 있으면 자기 주도적인 삶을 살 수 있고, 일상의 만족과 행복을 더 많이 느낄 수 있다.

자신의 취향을 아는 것은 자기 자신을 깊이 이해하는 데 중요한 역할을 한다. 이렇게 취향을 명확히 알면 결정을 내릴 때 외부의 영향을 덜 받게 된다. 결국, 삶의 모든 영역에서 더 주도적인 태도를 유지하게 된다. 자기 취향을 알고 자신이 좋아하는 활동을 선택하는 사람은 더 만족스러운 결정을 내리고, 삶의 질을 향상시킬 수 있다.

취향을 찾는 네 가지 다른 길

① 취향 탐험가가 되라

마치 여행자가 새로운 도시를 탐험하듯, 당신도 스스로를 탐험해야 한다. 전혀 해보지 않은 활동에 뛰어들어라. 미술관에서 현대 미술을 마주하거나, 한 번도 안 먹어본 음식점을 찾아가는 것만으로도 새로운 지도가 열린다. "내가 이걸 좋아했네?" 하는 발견의 순간이 취향의 시작이다.

② 감정 GPS 켜기

우리는 늘 감정으로 방향을 잡는다. 가슴이 두근거린 순간, 시간 가는 줄 몰랐던 경험, 혹은 묘하게 마음이 편안했던 장소를 떠올려라. 그 순간들을 기록하면 나만의 감정 GPS가 된다. 취향은 결국 나를 가장 생생하게 살아 있게 만드는 감정에서 나온다.

③ 주변 거울 활용하기

가끔은 내가 잘 모르는 나를 남이 더 잘 본다. "넌 이럴 때 제일 즐거워 보여"라는 친구의 말속에 의외의 단서가 숨어 있다. 거울을 보듯 타인의 시선에서 내 모습을 확인하면, 무심코 지나쳤던 취향을 발견할 수 있다.

④ 실험실 인생 모드 켜기

취향 찾기는 '성공해야 한다'는 과제가 아니다. 실패해도 된다. 오히려 어울리지 않는 걸 해봐야 진짜 맞는 걸 알아챌 수 있다. 복싱 체험, 원데이 클래스, 봉사 활동, 댄스 수업 등등 뭐든 시도해보라. 인생을 작은 실험실로 만드는 순간, 취향은 자연스럽게 드러난다

카리스마와 취향

————

카리스마는 하늘에서 뚝 떨어지는 재능이 아니다. 나다움을 드러내는 힘이다. 이때 나를 가장 선명하게 보여주는 무기가 바로 취향이다. 내가 무엇을 좋아하고 어떤 스타일을 지향하는지 모른다면 고객 앞에서 주도권을 쥘 수 없다. 반대로 취향이 명확한 사람은 선택이 분명하고 태도가 흔들리지 않는다. 그 단단함이 곧 카리스마다.

　취향은 우리가 이해하고 있는 기호가 아니라 가치관과 정체성의 집합이다. 내가 어떤 환경에서 편안함을 느끼고, 어떤 방식의 대화에서 에너지가 살아나는지 아는 것은 곧 나 자신을 아는 일이다. 자기

취향을 이해하면 자연스러운 자신감이 태도에 스며들고, 이는 고객 앞에서 전문성과 신뢰로 전달된다.

또한, 자기 취향을 파악하는 과정은 자기만족에서 그치는 것이 아니라 주도적인 행동을 위한 기반이 된다. 나를 잘 알기에 어려운 상황에서 흔들리지 않고, 고객을 만날 때도 확고한 기준을 지킬 수 있다. 이 확고함은 매력으로 작용하며, 긍정적인 첫인상을 남긴다.

그러나 여기서 멈추면 반쪽짜리다. 내 취향을 아는 것만큼 고객의 취향을 존중하는 태도도 중요하다. 고객이 선호하는 대화 방식과 관심사를 파악하고, 그에 맞춰 응대하면 고객은 '나를 이해해주는 사람'이라고 느낀다. 이때 관계는 거래의 관계를 넘어 신뢰와 장기적 관계로 확장된다.

이렇듯 카리스마는 매력이 아니라 신뢰를 구축하는 힘이다. 내 취향과 스타일을 명확히 이해하고, 동시에 고객의 취향을 존중할 때, 첫 만남은 단순한 인사가 아니라 관계를 여는 강력한 '앵커'가 된다.

결국, 카리스마는 내 취향에서 시작해 고객의 취향으로 완성된다. 자기 색깔을 가진 사람이 고객의 마음을 더 오래, 더 깊게 사로잡는다.

이미 된 것처럼 행동하라!
카리스마는 자신감이다

국정감사장에서 만난 두 명의 정치인

국정감사 시즌이었다. 나는 두 명의 정치인에게 이미지 컨설팅을 의뢰받았다.

A 의원은 질의 전날 밤까지 연습을 거듭했다. "이번 기회에 꼭 좋은 모습을 보여야 해요. 어떻게 하면 잘할 수 있을까요?" 그의 얼굴엔 긴장이 가득했다.

B 의원은 달랐다. "내일은 그냥 평소처럼 하겠습니다. 제가 해온 일들을 당당히 말씀드리면 되겠죠?" 여유로운 미소와 함께 이렇게 말했다.

다음 날 국정감사장. A 의원은 준비한 질문을 읽어 내려가듯 했지만, 목소리는 떨렸고 손짓은 부자연스러웠다. 반면 B 의원은 마치 이미 베테랑 정치인인 것처럼 차분하고 설득력 있게 질의했다. 언론은 B 의원의 질의를 주목했고, A 의원은 '준비 부족'이라고 평가했다.

그날 저녁 A 의원에게 이런 조언을 했다. "잘하려고 하지 마시고, 이미 된 것처럼 하십시오."

성공에는 하나의 역설이 있다. "잘 보이려 할수록 안 보인다!"

포지션 시뮬레이션:
원하는 자리에 이미 앉아 있는 것처럼 행동하라

가장 강력한 자신감 훈련법은 바로 '포지션 시뮬레이션'이다. 원하는 직급이나 역할을 이미 맡고 있는 것처럼 생각하고 행동하는 것이다. 그냥 좋게 생각하라는 긍정적 사고가 아니라, 실제로 그 포지션에 있는 사람들의 사고방식과 행동 패턴을 체화하는 구체적인 훈련이다.

팀장이 되고 싶다면, 지금부터 팀장처럼 생각하고 행동하라. 팀장은 개별 업무에만 매몰되지 않는다. 대신 팀 전체의 성과와 팀원들의 성장을 고민한다. 회의에서 의견을 제시할 때도 "제 업무에서는…"이 아니라 "팀 전체적으로 보면…"의 시각으로 접근한다.

예를 들어, 새로운 프로젝트가 논의될 때 일반 직원은 "제가 담당할 부분이 무엇인가요?"라고 묻지만, 팀장 마인드를 가진 사람은 "이 프로젝트가 성공하려면 팀원들의 역할을 어떻게 분배하는 것이 효율적일까요?"라고 질문한다. 이런 사고의 전환이 상급자들로 하여금 '이 사람은 팀장감이다'라고 인식하게 만든다.

임원이 되고 싶다면 임원의 시각에서 회사 전체를 바라보는 연습을 해야 한다. 임원은 부서의 이익만 생각하지 않는다. 회사 전체의 방향성과 장기적 전략을 고민한다. 평소 업무를 할 때도 '이것이 회사 전체에 미칠 영향은 무엇일까?', '우리 경쟁사는 이런 상황에서 어떻게 대응할까?', '이 결정이 3년 후 회사에 어떤 결과를 가져올까?' 와 같은 거시적 관점을 항상 염두에 둔다.

실제로 부서 회의에서 다른 부서와의 협업 방안을 먼저 제안하거나, 회사의 중장기 계획과 연결해서 현재 프로젝트의 의미를 설명하는 사람이 있다면, 경영진은 자연스럽게 '이 사람은 임원의 자질이 있다'고 평가하게 된다.

사업가가 되고 싶다면 모든 상황을 사업 기회로 해석하는 습관을 길러야 한다. 사업가는 문제를 보면 불평하는 것이 아니라 해결책을 통한 수익 창출 기회를 먼저 떠올린다. 일상의 불편함이나 시장의 빈틈을 발견했을 때, '누군가 해결해주면 좋겠다'가 아니라 '이것을 해결하는 비즈니스 모델을 만들면 어떨까?' 하고 생각한다.

중요한 점은 이런 사고방식이 자연스럽게 몸에 밸 때까지 계속 연습하는 것이다. 처음에는 의식적으로 노력해야 하지만, 시간이 지나면서 무의식적으로 그 포지션의 관점에서 생각하게 된다. 그리고 그 순간부터 주변 사람들이 당신을 다르게 보기 시작한다. 사람들은 무의식적으로 그 사람이 어떤 레벨의 사고를 하는지 감지하기 때문이다.

팀장급 사고를 하는 사람에게는 팀장급 업무를, 임원급 사고를 하는 사람에게는 임원급 책임을, 사업가적 사고를 하는 사람에게는 사업 기회를 자연스럽게 맡기게 된다.

포지션 시뮬레이션의 핵심은 '척하는 것'이 아니라 '되는 것'이다. 겉모습만 흉내 내는 것이 아니라, 실제로 그 포지션에 필요한 사고방식과 행동 패턴을 내재화하는 것이다. 그렇게 될 때 비로소 진정한 자신감과 함께 그에 걸맞은 기회들이 자연스럽게 따라오게 된다.

한마디로 사람을 움직이는
목소리의 힘

목소리의 마법

———

때로는 영화관에서 목소리의 마법을 느끼곤 한다.

어두운 영화관, 스크린에 한석규가 나타났다.

"내가 원하는 건…, 단 하나야."

극장 안이 조용해졌다. 관객들은 숨을 죽이고 그의 목소리에 집중했다. 같은 대사를 다른 배우가 했다면 어땠을까? 아마 이렇게 강렬하지는 않았을 것이다.

이병헌도 매력적인 목소리를 가진 배우로 손꼽힌다. 연기력도 물론 뛰어나지만, 그의 목소리 한마디가 스크린을 지배했다. 대체 이들의 목소리엔 무엇이 들어 있는 걸까?

당신도 해볼 수 있다.

간단한 실험을 하나 해보자. 지금 아래 글을 읽으면서 다음 문장을 세 가지 방법으로 말해보자.

"오늘 회의가 있습니다."

① 떨리는 목소리로(높은 톤, 불안한 어조)

② 무기력한 목소리로(낮은 톤, 김빠진 어조)

③ 자신감 있는 목소리로(안정된 톤, 명확한 어조)

어떤가? 같은 내용인데도 전혀 다른 느낌이 들지 않나?
이처럼 목소리는 설득의 중요한 요소로 작용한다.

목소리의 중요성

이미지 브랜딩에서 목소리가 왜 중요한지 알아보자. 첫째, 첫인상에서 신뢰를 구축하기에 유용하다. 목소리는 첫인상을 형성하는 데 중요한 역할을 한다. 처음 만나는 사람에게 목소리는 우리가 어떤 사람인지를 판단하는 중요한 기준이 된다. 자신감 있는 목소리는 신뢰와 호감을 주며, 불안한 목소리는 불신과 거리를 초래할 수 있다. 현대 비즈니스는 고객의 재산과 일상에 연관된 역할이 크기 때문에 신뢰할 수 있는 목소리가 중요하다. 명확하고 진정성 있는 목소리는 고객에게 전문성과 신뢰를 전달한다.

둘째, 공감과 이해의 관계 형성이 가능하다. 부드럽고 친근한 목소리는 고객과 유대감을 형성하는 데 도움이 된다. 이는 고객이 자신의 고민이나 요구를 편하게 이야기할 수 있는 환경을 조성한다. 비즈니스맨은 고객의 말을 잘 듣고, 그에 적절히 반응하는 능력을 키워야 한다. 이는 고객의 말을 경청하는 태도와 함께, 그에 따라 적절히 조언할 수 있는 목소리 톤을 필요로 한다.

셋째, 목소리로 논리적인 느낌을 주고 설득력 강화의 효과를 거둘 수 있다. 상품과 서비스에 관한 전문적인 정보를 설명할 때, 명료한 발음과 적절한 억양을 사용해 정보를 논리적으로 전달할 수 있다. 이는 고객이 내용을 쉽게 이해하도록 돕는다.

목소리는 단순한 정보 전달을 넘어, 감정과 의도를 전달한다. 같은 내용이라도 어떤 목소리로 말하느냐에 따라 청중의 반응이 달라질 수 있다. 적절한 억양과 발음, 속도는 메시지의 효과를 극대화한다.

잘 들리는 목소리

유난히 귀에 잘 들어오는 목소리가 있다. 이들 목소리의 특징은 무엇일까? 몇몇 사례를 살펴보자. 유재석은 대한민국의 대표적인 예능 MC로서, 그의 친근하고 호감 가는 목소리는 시청자들에게 큰 인기를 끌고 있다. 그의 목소리는 청중과의 유대감을 형성하고, 프로그램의 분위기를 화기애애하게 만든다. 또한, 배우 이순재는 깊고 풍부한 목소리로 많은 사람에게 감동을 준다. 그의 음성은 캐릭터의 감정과 깊이를 전달하는 데 매우 효과적이다.

반면, 끌림이 부족한 목소리도 있다. 고위공직자 임명에 앞선 청문회 장면을 보면, 공직 후보자들이 국회 청문회에서 불안하고 떨리는 목소리로 인해 부정적인 평가를 받는 경우가 있다. 자신감 없는 목소리는 후보자의 자질에 대한 의구심을 불러일으킬 수 있다.

이렇듯 목소리는 내면과 외면을 동시에 표현하는 강력한 도구이다. 목소리의 중요성을 인식하고, 이를 개선하려는 노력을 기울이는 것은 커뮤니케이션 능력과 전반적인 이미지 향상에 크게 기여할 것이다.

치과 선생님은
염소 선생님

꽤 오래전 일이다. 내가 사는 동네 상가에 치과 의원 한 곳이 문을 열었다. 어린이 전문 치과라고 했다. 이미 오픈 전에 대대적인 홍보를 했는데, 건물 벽에 붙어 있는 플래카드를 보니, 원장은 꽤 근사한 학력과 경력을 지닌 분이었다.

이 치과는 관심을 끌었고, 문을 열자마자 어린이 환자가 몰려들었다. 기대한 것만큼 실력이 있었고, 친절했으며, 어린이들을 잘 이해했기에 부모와 아이들 모두에게 만족을 주었다. 한 가지 아쉬움만 뺀다면 말이다. 그 사연을 알아보자.

학부모 모임 등 동네 엄마들이 모일 때, 그 치과를 이야기하면서 원장님을 '의사 선생님'이라고 하지 않고 '염소 선생님'이라고 부른다. 그 치과에 한 번도 가보지 않은 나는 다른 엄마들이 왜 굳이 염소라는 별명을 붙여 부르는지 잘 이해가 되지 않았다. 설마 아이들을 달래느라고 '매에' 소리를 내기라도 하는 걸까?

이윽고 나도 아이의 진료를 위해 그 치과에 방문하게 되었다. 그리고 원장님이 왜 염소 선생님인지를 단박에 알아차렸다. 그분은 모든 말끝에 '염' 자를 붙여서 말하는 습관이 있었다.

"어머니 오셨어염?"

"충치가 하나 있네염."

"아프지 않게 치료할게염."

'염'으로 끝나는 원장 선생님의 이야기를 계속 듣는 것은 고역이었다. 그의 친절함과 아이에 대한 탁월한 배려, 완벽한 실력이 뒤로 숨어버리는 느낌이 들었다. 그의 잘못된 언어 습관은 부정적인 이미지를 만들어내었고, 실제로 전체적인 역량을 깎아내렸다. 안타까운 일이다.

이와 비슷한 사례가 하나 더 떠오른다. 아이가 초등학교 때 일이다. 그 당시에는 친구 엄마들을 '이모'라고 부르는 분위기였는데, 유독 한 엄마를 '안나 이모'라고 했다. 처음에는 이름이나 세례명이 '안나'이려니 생각했는데, 그렇지 않았다. 그 이유는 말할 때 '아~놔~'를 많이 써서이다. "아~놔~, 차가 안 오네.", "아~놔, 맛있네." 이런 식이다. 그것이 아이들에게 각인되어 별명이 붙은 것이다.

최근 인기를 끌었던 드라마 〈폭싹 속았수다〉에는 '학씨 아저씨'로 불리는 캐릭터가 나온다. 극중 인물의 성이 학 씨는 아니다. 그는 부 씨다. 그런데 왜 성씨를 바꾸어 학 씨가 되었을까? 말마다 '학! 씨'를 붙여 쓰는 언어 습관 때문이다. '학씨'라는 별명은 그의 급하고 포악한 성정을 드러내는 말이 된 것이다. 일종의 이미지 브랜딩이 이루어졌다. 부정적이지만 말이다.

몇 가지 사례를 통해 살펴본 것처럼, 잘못된 언어 습관은 부정적인 이미지를 형성하여 브랜드(별명)로 굳어질 위험이 있다. 목소리에 매력과 설득력, 울림을 담아야 하는데, 거꾸로 나쁜 이미지를 주면 안 된다. 신뢰를 떨어뜨리고 관계를 멀어지게 할 수 있다. 울림이 있는 언어 생활을 방해하는 치명적인 독소 중 하나가 잘못된 언어 습관이다. 혹시 나에게는 나쁜 습관이 없는지 돌아보자. 주변 사람들에게 솔직하게 이야기해달라고 부탁하여 들어보자. 그리고 의식적으로 노력하여 이 습관을 없애야 한다.

카리스마의 근거,
자존감

아이가 미용실 한 곳을 꼭 짚어서 예약해달라고 부탁했다. 그곳은 동네에서 가장 인기 있는 미용실이다. 그중에서도 한 디자이너가 유독 마음에 든다며, 꼭 그 미용실, 그 디자이너 예약을 잡아달라고 했다. 나는 아이에게 그 디자이너의 이름을 물었다. 그런데 모른다고 한다. 인상착의만 알고 있다고 했다. 키가 작고 뚱뚱한 남자라고 말했다.

곤혹스러운 일이었다. 미용실에 전화해서 "예, 예약하려고 하는 데요. 성함은 모르는데, 키가 작고 뚱뚱한 남자 선생님 근무하시나요?"라고 말할 수는 없는 노릇이 아닌가! 명색이 사람의 심리를 공부한 사람인데, 부정적 이미지로 사람을 묘사할 수는 없다. 그래서 아이에게 다른 특징이나 장점 같은 건 없는지 물었다. 하지만 없다고 한다.

어쨌든 미용실에 전화를 걸었다. 조심조심 이야기를 시작했다.

"아이가 예약하려고 하는데요. 선생님 성함이 기억이 나지 않아서요…" 그리고 잠시 망설였다. 그래도 수화기를 들었으니 사람은 찾아야 한다. "키가 큰 편은 아닌 것 같고요, 마른 편도 아닌 것 같은…" 부정적 표현을 빼려고 최대한 애쓰며 간신히 이야기를 이어갔다. 그러자 수화기 너머에서 유쾌한 듯한 목소리가 들려왔다. "아, 키 작고 뚱뚱한 사람 말씀하시죠? 접니다, 어머니. 제가 여기서 제일 작고 제일 뚱뚱해요. 그래서 모두 저를 쉽게 기억합니다."

내가 고민하던 것과 딴판이었다. 그는 자신의 그리 멋지지 않은 외모로 자신을 기억해주는 고객을 고맙게 생각하는 것 같았다. 그의 목소리에 신바람이 묻어 있었다.

나는 큰 문제가 될 수 있다고 생각했던 일을 그는 아무런 문제가 없다고 여겼다. 심지어 더 긍정적으로 받아들였다. 관건은 자존감이었다. 자존감은 다른 사람이 부정적이라고 여기는 속성도 긍정적으로 바꾸어버린다.

자존감은 긍정적 사고방식으로 자신을 끌어올리는 것이다. 자존감이 높은 사람은 항상 높은 위치에 있는 게 아니다. 자신이 낮춰지는 상황에서도 이것을 긍정적으로 받아들이고 끌어올리는 힘이 있는 사람들이다. 이는 단순한 낙관주의가 아니다. 자신을 깊이 이해하고 사랑하는 능력에서 비롯된 역량이다.

자존감이 높은 사람들은 외부의 평가에 휘둘리지 않고, 자신의 가치를 인정하며, 어려운 상황에서도 긍정적으로 대응할 수 있다. 자존감이 높은 사람들은 내면이 안정적이다. 흔들리지 않는다. 이들은 자신의 강점과 약점을 잘 이해하고, 자신을 있는 그대로 받아들인다.

그리고 외부의 평가나 비판에 휘둘리지 않는다.

다른 사람의 의견이 자신의 가치를 결정짓지 않음을 알고 있다. 항상 자신에게 긍정적인 말을 건네며, 어려운 상황에서도 희망을 잃지 않는다. 실패나 비판을 성장의 기회로 삼아, 더 나은 자신을 만들어간다.

자존감이 높은 사람은 어떻게 매사를 긍정적으로 받아들일 수 있을까? 자기 인식의 명확성이 있기 때문이다. 자존감이 높은 사람들은 자신의 가치를 명확히 인식하고 있다. 이들은 자신의 가치를 외부의 평가에 맡기지 않으며, 비판을 받아들이더라도 자신을 낮추지 않는다. 비판을 부정적으로 받아들이기보다는, 이를 자신의 성장과 발전을 위한 피드백으로 여긴다. 이런 삶의 태도는 자기 발전에 긍정적인 영향을 미친다.

나중에 알고 보니, 자존감이 높은 디자이너가 근무하는 그 미용실에는 독특한 문화가 있었다. 미용실에 관한 부정적인 게시글이 지역 웹사이트 등에 올라오면 미용실 게시판에 공지하고 한 주 내 이것을 해결한다는 목표로 직원들과 회의를 한단다. 이럴 수 있는 미용실이 과연 몇이나 될까?

비즈니스맨은 높은 자존감을 보유해야 한다. 자존감은 직무 수행 능력, 고객과의 관계, 그리고 개인적 발전에 있어 매우 중요한 요소이다. 이는 전문가로서의 성공과 직결되며, 다양한 측면에서 긍정적인 영향을 미친다.

첫째, 자신감 있는 의사결정으로 복잡한 문제를 심플하게 해결한다. 현대 비즈니스 분야는 복잡하고 중요한 의사결정을 요구하는 경우가 많다. 높은 자존감은 전문가가 이러한 문제를 자신 있게 분석하고 결정을 내리는 데 도움을 준다. 전문가로서 업무와 관련된 위험을 관리할 때, 자존감은 자신감을 불어넣어 결정을 확고히 하고, 책임을 지는 데 필요한 용기를 제공한다.

둘째, 신뢰 구축과 탁월한 고객 관리로 믿음직한 이미지를 구축한다. 자존감이 높은 사람은 자신감 있는 태도로 고객에게 신뢰를 준다. 고객은 이러한 태도를 바탕으로 그를 더욱 믿고 의지하게 된다. 또한, 자존감 높은 사람은 자기 생각을 명확히 전달하고, 고객의 니즈에 효과적으로 대응할 수 있다. 이는 고객과의 관계를 강화하고 충성도를 높이는 데 기여한다.

셋째, 자기 인식과 조절이 가능하기에 스트레스 관리를 할 수 있다. 높은 자존감은 개인의 감정을 더 잘 인식하고 조절할 수 있게 한다. 그래서 스트레스가 많은 상황에서도 차분하게 대처할 수 있도록 돕는다. 자존감이 높은 사람은 긍정적인 사고방식을 유지하며, 실패나 어려움을 성장의 기회로 여긴다.

카리스마를 담은 퍼스널 이미지 브랜딩:
인식되고 싶은 자신을 찾아내는 법

같은 실력, 전혀 다른 운명

15년 전 같은 대학, 같은 과를 졸업한 두 명의 마케팅팀장이 있었다. A 팀장과 B 팀장은 같은 회사에 입사해 같은 프로젝트를 담당하며 비슷한 성과를 내왔다. 둘 다 성실하고 능력 있는 직원이었다.

A 팀장은 전형적인 성실형 직장인이었다. 야근을 마다하지 않았고, 보고서는 항상 완벽했다. 상사의 지시를 충실히 따랐고, 동료들과도 원만한 관계를 유지했다. 하지만 3년이 지나도 여전히 팀장 자리에 머물러 있었다.

반면 B 팀장은 조금 달랐다. 업무 시간에는 A 팀장만큼 성실했지만, 퇴근 후의 시간을 다르게 활용했다. 업계 세미나에 꾸준히 참석했고, 자신만의 마케팅 철학을 담은 글을 블로그에 연재했다. 〈링크

드인)에서는 '데이터 기반 마케팅 전문가'라는 타이틀로 업계 사람들과 활발하게 소통했다. 사내 프레젠테이션에서는 언제나 '혁신적 사고의 B 팀장'이라는 수식어가 따라붙었다.

3년 후, B 팀장은 임원이 되어 있었다. 그뿐만 아니라 헤드헌터들이 그를 찾기 시작했고, 업계에서는 그의 이름만 들어도 "아, 그 유명한 B 임원 말이죠?"라는 반응이 나왔다.

차이점은 단 하나였다. A 팀장은 일만 잘했고, B 팀장은 개인 브랜드를 만들었다는 것이었다.

브랜드라는 마법의 정체

———

'개인도 브랜드가 될 수 있다고?'

의아해하는 사람들이 많다. 하지만 브랜드는 결코 기업만의 전유물이 아니다. 코카콜라를 떠올려보자. 단순한 탄산음료 한 병이지만 우리 머릿속에는 '상쾌함', '즐거움', '전통', '젊음'의 이미지가 떠오른다. 펩시보다 맛이 월등히 뛰어나서가 아니라, 130년간 축적된 브랜드 이미지 때문이다. 이것이 브랜드의 힘이다.

마찬가지로 당신도 하나의 브랜드다. 다만 대부분의 사람이 자신을 브랜딩하지 않을 뿐이다. '김 과장'은 그저 수많은 직장인 중 하나지만, '프로젝트 성공률 95%를 자랑하는 김 과장'은 특별한 존재가 된다. 같은 사람이지만 전혀 다른 인식을 받는다.

현실은 더욱 냉혹하다. 실력이 비슷한 사람이 수십 명이라면, 결국 선택받는 건 기억에 남는 사람이다. 기억에 남으려면 차별화가 필요하고, 차별화의 핵심이 바로 개인 브랜딩이다.

생존 게임의 새로운 룰

1990년대만 해도 공식은 단순했다. 좋은 대학을 졸업하고 대기업에 입사하면 평생이 보장됐다. 하지만 2025년 현재, 그런 공식은 더는 통하지 않는다. 대신 개인의 전문성과 차별화가 생존의 열쇠가 되었다.

이제는 회사가 당신을 지켜주지 않는다. 언제든 구조조정이 있을 수 있고, 인공지능이 당신의 업무를 대체할 수 있다. 하지만 개인 브랜드가 확실한 사람은 다르다. 설령 회사를 떠나게 되더라도 업계에서 그의 가치를 알아보는 곳이 있다. 헤드헌터가 먼저 연락하고, 좋은 조건의 제안이 들어온다.

당신이 당신을 지켜야 한다. 이것이 개인 브랜딩 시대의 핵심 메시지다.

브랜딩 전 반드시 답해야 할 5가지 질문

개인 브랜드를 만들기 전에 자신에게 정직하게 던져야 할 질문들이 있다. 이 질문들에 대한 명확한 답이 나올 때까지는 브랜딩을 시작하지 마라. 방향성 없는 브랜딩은 오히려 역효과를 낳기 때문이다.

첫 번째 질문: 5년 후 사람들이 나를 뭐라고 부르길 원하는가?

'○○ 분야 최고 전문가', '혁신적인 사고를 가진 리더', '절대적으로 신뢰할 수 있는 파트너' 중에서 당신이 원하는 것은 무엇인가?

두 번째 질문: 업무 중 내가 해결할 수 있는 독특한 문제는 무엇인가?

단순히 '마케팅을 잘한다'가 아니라 '복잡한 데이터를 고객이 이해하기 쉽게 설명하는 능력'처럼 구체적이어야 한다.

세 번째 질문: 나만의 독특한 관점이나 경험은 무엇인가?

'10년 현장 경험과 MBA 이론을 결합한 실용적 접근법'처럼 다른 사람과 차별화되는 요소를 찾아라.

네 번째 질문: 사람들이 나를 찾는 진짜 이유는 무엇인가?

'까다로운 고객도 만족시키는 서비스 마인드' 같은 구체적인 강점을 파악해야 한다.

다섯 번째 질문: 내가 절대 타협하지 않는 핵심 가치는 무엇인가?

'완벽주의', '정직함', '혁신 추구' 중에서 당신의 정체성을 규정하는 것은?

한 줄로 정리하는 브랜드 스토리 공식

복잡한 브랜드 스토리도 결국 한 줄로 압축될 수 있다. 성공한 개인 브랜드들은 모두 이런 공식을 따른다. "나는 '문제 상황'에서 '독특한 방법'으로 '놀라운 결과'를 만들어내는 사람입니다."

예를 들어, "나는 복잡한 기술을 쉬운 말로 설명해서 고객 만족도 95%를 달성하는 사람입니다"라거나 "나는 갈등 상황에서 창의적 해결책으로 모든 이해관계자가 만족하는 윈 – 윈 결과를 만들어내는 사람입니다" 같은 방식이다.

이 한 줄이 명확해지면, 모든 온라인 프로필, 자기소개, 명함에서 일관된 메시지를 전달할 수 있다. 그리고 사람들은 당신을 그 한 줄로 기억하게 된다.

브랜딩, 지금 시작해야 하는 이유

개인 브랜드는 하루아침에 만들어지지 않는다. 몇 년에 걸친 꾸준한 노력이 필요하다. 하지만 시작하지 않으면 영원히 만들어지지도 않는다는 사실을 잊지 마라.

지금 당신이 30대라면, 40대가 되었을 때 업계에서 인정받는 전문가가 될 것인가, 아니면 여전히 '그냥 직장인'으로 남아 있을 것인가? 선택은 오늘 시작된다. 당신은 어떤 브랜드가 되고 싶은가?

① 자신의 핵심 가치를 발견

자신이 중요하게 생각하는 가치와 원칙을 명확히 한다. 이것으로 자신의 '핵심 가치'를 정의한다. 이것은 개인 브랜딩의 기초가 되며, 모든 행동과 의사결정에 영향을 미친다.

올림픽 피겨 스케이팅 금메달리스트 김연아 선수를 사례로 핵심 가치에 대해 알아보자. 김연아는 '노력'과 '완벽'을 핵심 가치로 삼았다. 그녀는 매 순간 최선을 다하며, 완벽한 연기를 추구했다.

그리고 경기뿐만 아니라 광고와 인터뷰에서도 일관된 이미지를 유지하여, 세계적으로 존경받는 피겨 스케이터로 인식되었다. 또한, 피겨 스케이팅에서의 강점을 극대화하고, 연기력과 표현력을 보완하여 세계적인 선수로 성장했다. 노력해도 안 될 약점에 시간을 빼앗기지 않고 강점에 더 집중했다. 그녀는 '김연아'라는 이름으로의 일관된 활동을 이어가는 중이다.

미국의 방송인 오프라 윈프리는 '희망'과 '영감'을 핵심 가치로 삼고 있다. 자신의 이야기를 통해 사람들에게 희망을 주는 것이 목표이다. 어린 시절의 어려움을 극복한 자기 경험을 바탕으로 다른 사람의 희망과 영감을 일깨우고자 하며 이 목표는 그녀의 모든 활동에 일관되게 반영된다. 그녀는 자신의 쇼와 인터뷰에서 항상 감동적인 이야기를 나누며, 많은 사람에게 영감을 주는 인물로 자리 잡으며 성공적인 이미지를 구축했다.

② 발견한 자기 인식 강화

핵심 가치 아래에서 자신의 목표, 강점, 약점을 명확히 인식하고, 이를 바탕으로 일관된 행동을 한다. 자신을 구체적으로 파악하기 위해서는 일기 쓰기, 성찰의 시간 가지기, 피드백 받기 등의 방법을 활용할 수 있다. 자기 인식이 정리되면 일관된 행동을 유지해야 한다. 일관된 메시지를 전달하기 위해 행동과 말에서 항상 같은 가치를 반영하는 것이다.

다음 단계는 목표와 가치가 반영된 루틴을 만들고 일관된 디지털(소셜미디어) 활동 등을 전개하는 것이다.

이어서 지속적인 학습과 성장을 구가한다. 자기 분야에서 끊임없이 학습하고 성장하며, 이를 통해 새로운 가치를 창출한다. 자기 분야 책 읽기, 관련 강의나 워크숍 참여, 멘토와의 상담 등 공부를 쉬지 않아야 한다.

더 나아가 네트워크를 형성하는 단계로 올라선다. 자신의 가치와 목표에 맞는 사람들과의 네트워크를 형성하여, 긍정적인 영향을 주고받는다. 이를 위해 관련 업계 행사 참석, 소셜미디어 활용, 동호회나 그룹 가입 등이 유용하다.

요컨대, 비즈니스맨의 개인 이미지 브랜딩은 자신이 인식되고 싶은 이미지를 명확히 하는 것에서 시작된다. 자신의 핵심 가치를 정의하고, 목표와 비전을 설정하며, 강점과 약점을 분석하여 일관된 메시지를 전달하는 것이 중요하다.

개인 이미지 브랜딩 1:
상징적 물건의 힘(物)

나는 개인 이미지를 브랜드로 만드는 다섯 가지를 요소를 '物顔言眼手'로 설명하곤 한다. 여기서 '物'은 자신을 드러내는 상징적 물건, '顔'은 얼굴, '言'은 말, '眼'은 눈, '手'는 손동작을 말한다. 이번에는 상징적 물건(物)에 대해 살펴보고 이어서 남은 네 요소를 각각 설명하겠다.

상징적 물건은 그 사람의 정체성과 가치를 나타내는 중요한 요소이다. 비즈니스맨이 사용하는 물건은 단순한 도구를 넘어, 그들의 신뢰성과 전문성을 나타내는 상징이 될 수 있다. 예를 들어, 특정 브랜드의 스마트폰이나 독특한 디자인의 노트북은 그들의 전문성과 효율성을 상징한다. 이러한 물건을 전략적으로 활용하면, 고객이나 동료들에게 강한 인상을 남길 수 있다.

스티브 잡스가 항상 검정 터틀넥과 아이폰을 통해 자신만의 브랜드를 구축한 것처럼 자신을 대표하는 상징적 물건을 통해 신뢰를 쌓을 수 있다. 몇 가지 사례를 살펴보자.

빅뱅의 리더 지드래곤은 패션 아이콘으로 유명하며, 명품 액세서리와 특정 브랜드의 아이템을 통해 자신의 스타일을 강조한다. 그는 샤넬 등의 고급 브랜드의 액세서리를 자주 착용하며, 그 외에 자신의 개성에 맞게 프린팅으로 덧칠한다. 이를 통해 자신의 독특한 패션 감각과 이미지를 강화한다. 지드래곤의 경우, 그의 패션 아이템들은 단순히 멋을 내기 위한 것이 아니라, 그의 예술적 정체성과 브랜드 가치를 상징하는 중요한 요소가 되며 대중이 그를 이해하는 데 효과적인 도구로 자리 잡았다.

방탄소년단의 리더 RM은 지적 풍모를 강조하기 위해 늘 책과 노트를 들고 다닌다. 책 읽고 기록하는 모습을 노출하면서 이미지를 구축하고 있다. 그는 자신의 관심사를 반영한 책과 노트 등을 공개적으로 사용함으로써, 팬들에게 그의 지적인 면모를 강조한다. RM이 선택한 물건들은 그의 개인적 정체성을 브랜드로 만드는 데 중요한 역할을 한다.

미국의 가수 레이디 가가는 독특한 패션과 액세서리 선택을 통해 자신만의 강렬한 이미지를 구축한 대표적인 사례로 꼽힌다. 그녀는 자주 과감한 패션과 상징적인 액세서리를 착용하며, 이를 통해 대중에게 강력한 메시지를 전달한다. 레이디 가가의 이러한 물건들은 그녀의 예술적 표현의 일부로, 레이디 가가를 만든 원동력이 된다.

투자의 대가 워런 버핏은 자신의 신뢰성과 성공을 나타내기 위해 세련된 복장을 하고 클래식한 시계를 착용한다. 버핏의 스타일은 간소하면서도 고급스러운 면모를 잘 반영하며, 그의 신중함과 안정성을 드러낸다.

이처럼 여러 유명 인사들은 특정 물건을 통해 자신만의 이미지를 구축하고 강화하는 전략을 사용하고 있다. 이들은 단순히 특정 물건을 사용하는 데 그치지 않고, 자신이 전달하고자 하는 메시지와 이미지를 시각적으로 표현하고 있다.

현대 사회에서 시각적으로 정보를 빠르게 소비하는 경향이 점점 강해지고 있는데, 물건은 이러한 시각적 정보 전달에서 중요한 역할을 한다. 물건은 단순한 소유물을 넘어, 그 사람의 정체성과 가치를 나타내는 상징이 되기 때문이다.

주의할 점이 있다. 물건을 통해 나를 표현할 때는 나다움을 잃어서는 안 된다는 것이다. 물건은 나의 정체성과 어울려야 한다. 나의 가치, 직업, 고객이 기대하는 모습과 어긋나면 혼란이 된다. 또한, 과유불급(過猶不及)의 우를 범해서는 안 된다. 비즈니스맨은 행사장의 연예인이 아니다. 아무런 맥락 없이 전신을 명품으로 휘감아 화려함으로 승부를 거는 시도는 역효과만 불러오기에 십상이다. 그보다는 직업을 표출할 수 있고 내 성격을 드러낼 수 있는 물건을 사용하여 이미지를 강조하되, 지나치지 않도록 절제를 유지하라.

앞에서 말했듯이 상대를 헷갈리게 하면 안 된다. 치장이 지나치면 헷갈림을 유발한다. 절제는 카리스마의 중요한 요소다. 지나치게 화려하거나 눈에 띄는 물건을 사용하면, 오히려 상대방을 혼란스럽게 하거나 불필요한 오해를 일으킬 수 있다. 물건은 메시지를 강화하는 역할을 해야 한다. 물건이 당신의 이미지를 지배하게 내버려두면 안 된다.

카리스마는 혼란을 야기하지 않는 명확함에서 나온다. 당신의 물건이 전달하는 메시지가 분명하고 일관되게 유지되면, 상대방은 당신을 신뢰하고 당신의 능력을 인정하게 된다. 이때 물건은 당신의 카리스마를 돋보이게 하는 보조 역할을 해야 한다.

직업과 성격을 표현하되, 그 표현이 과하지 않도록 조절해야 한다. 절제된 물건 선택을 통해 당신은 더욱 강력하고 명확한 이미지를 형성할 수 있다. 그럴 때 물건은 고객과의 신뢰를 강화하는 중요한 요소로 작용할 것이다. 카리스마는 단순함과 절제에서 나오는 힘임을 잊지 말자.

개인 이미지 브랜딩 2:
얼굴로 신뢰를 쌓는 기술(顔)

당신의 얼굴이 새로운 인생을 만든다

변하지 않는 것과 변할 수 있는 것이 있다. 얼굴도 그렇다. 당신의 얼굴 뼈대는 바뀌지 않는다. 하지만 그 얼굴로 전달하는 메시지는 오늘부터 바뀔 수 있다.

15년 전, 한 청년이 있었다. 각진 얼굴에 날카로운 눈매를 가진 그는 항상 "무서워 보인다", "차가워 보인다"는 말을 들었다. 그는 면접에서 떨어지고, 첫 만남에서 거리감을 느끼는 사람들을 보며 좌절했다.

그런데 어느 날, 그는 작은 변화를 시도했다. 거울 앞에서 자연스러운 미소를 연습했고, 부드러운 헤어 스타일로 바꿨으며, 따뜻한 색감의 옷을 입기 시작했다.

6개월 후부터 그의 삶은 바뀌기 시작했다. 지금 그는 같은 얼굴을 가지고 완전히 다른 인생을 살고 있다. 투자자들이 그를 신뢰했고, 팀원들이 그를 따랐으며, 고객들이 그를 찾았다.

그 청년이 바로 지금 나의 완벽한 파트너, 나의 첫 고객이다.

직선형과 곡선형, 그 너머의 이야기

———

직선형 얼굴을 가진 당신에게

당신의 강인함은 타고난 선물이다. 하지만 그 선물에 따뜻함이라는 포장지를 씌워라. 세상은 강하면서도 따뜻한 리더를 기다리고 있다.

곡선형 얼굴을 가진 당신에게

당신의 친근함은 세상에서 가장 귀한 자산이다. 하지만 그 자산에 권위라는 날개를 달아라. 세상은 신뢰할 수 있으면서도 존경받는 리더를 원하고 있다.

얼굴형별 전략: 당신의 무기를 찾아라!

———

얼굴형을 진단하는 간단한 방법을 소개하겠다. 거울을 보면서 다음 목록에서 해당하는 것을 찾아보자.

직선형 체크포인트

- ☐ 턱선이 각지고 명확하다.
- ☐ 광대뼈가 도드라진다.
- ☐ 이마가 넓고 직선적이다.
- ☐ 눈썹이 직선에 가깝다.
- ☐ 코가 오똑하고 직선적이다.

곡선형 체크포인트

- ☐ 턱선이 둥글고 부드럽다.
- ☐ 볼이 통통하고 귀엽다.
- ☐ 이마가 둥글다.
- ☐ 눈이 동그랗다.
- ☐ 코가 작고 귀엽다.

3개 이상 체크되는 쪽이 당신의 기본 얼굴형이다.

직선형 얼굴

———

직선형 얼굴의 특징은 명확한 턱선, 날카로운 광대뼈, 그리고 또렷한 이목구비다. 이러한 요소들이 조화를 이루면 상대방에게 결단력 있고 권위 있는 이미지를 줄 수 있다. 이 얼굴형은 깔끔하고 확실한 업무 처리의 이미지를 고수하면서도 부드러움을 더해 신뢰와 친근감을 강화하는 것이 이상적이다.

직선형 얼굴은 강하고 뚜렷한 인상을 주지만, 그로 인해 때로는 엄격하고 차가워 보일 수 있다. 이를 보완하기 위해 부드러움을 더해 신뢰와 친근감을 강화하는 전략이 필요하다. 부드러움을 추가함으로써 상대방에게 더 따뜻한 인상을 줄 수 있다.

부드러운 헤어 스타일

직선형 얼굴에 곡선을 더해주는 부드러운 헤어 스타일을 선택하라. 예를 들어, 살짝 웨이브가 들어간 헤어 스타일이나, 얼굴 주변에 자연스럽게 떨어지는 헤어 스타일은 얼굴의 직선을 부드럽게 완화해줄 수 있다.

따뜻한 미소와 자연스러운 표정

얼굴의 날카로운 인상을 부드럽게 하기 위해 자연스럽고 따뜻한 미소를 자주 활용하라. 웃을 때 눈꼬리가 살짝 올라가는 표정은 더 친근한 인상을 준다.

소프트한 컬러와 텍스처

옷과 액세서리에서 부드러운 색감과 텍스처를 선택하여 얼굴의 강렬함을 중화하라. 예를 들어, 파스텔 톤이나 부드러운 재질의 의상은 얼굴의 강한 이미지를 부드럽게 만들어준다.

곡선형 얼굴

곡선형 얼굴은 호감을 주는 이미지는 고수하되, 강렬함을 더해 신뢰와 권위를 구축하는 게 바람직하다. 곡선형 얼굴은 부드럽고 친근한 인상을 주지만, 때로는 유약해 보일 수 있다. 이를 보완하기 위해 강렬함을 더해 신뢰와 권위를 구축하는 전략이 필요하다. 강한 요소를 추가함으로써 더 자신감 있는 모습을 어필할 수 있다.

깔끔한 헤어 스타일

단정하고 깔끔한 헤어 스타일을 유지한다. 특히 곡선형 얼굴에 명확한 선을 더해주는 깔끔한 헤어 스타일을 선택하라. 예를 들어, 단정하게 묶은 머리나 직선적으로 떨어지는 헤어 스타일은 얼굴의 부드러움을 보완하며, 프로페셔널한 이미지를 강화한다.

자신감 있는 표정과 포즈

밝고 친근한 표정은 유지하되, 눈빛에는 자신감을 더한다. 또한, 앉거나 서는 자세에서 어깨를 펴고 당당한 포즈를 취해 얼굴의 부드러움을 보완할 수 있다. 침착함과 자신감을 나타내는 미소나 중립적인 표정을 유지한다면 권위를 더욱 강화할 수 있다.

정장과 액세서리

클래식하고 심플한 정장 스타일이 곡선형 얼굴을 보완할 수 있으며 신뢰와 전문성을 극대화할 수 있다. 액세서리는 최소화하여 가볍지 않은 이미지를 주는 것이 좋다.

자신감으로 빛나는 얼굴

10년 전, 한 여성이 내게 와서 말했다. "저는 곡선형 얼굴이라 항상 어려 보인다고 해요. 승진에서 번번이 밀려나고 있어요."

그리고 6개월의 얼굴 브랜딩 과정을 거친 후, 그녀는 부장으로 승진했다. 같은 얼굴, 같은 실력이었다. 달라진 건 그 얼굴이 전달하는 메시지뿐이었다.

지금 그녀는 임원이 되어 후배들에게 이렇게 말한다. "얼굴은 타고나지만, 얼굴이 말하는 언어는 얼마든지 바꿀 수 있어요."

당신의 얼굴이 말하고 있다. 당신의 새로운 인생이 오늘부터 시작된다. 기억하라! 세상에서 가장 아름다운 얼굴은 자신감으로 빛나는 얼굴이다. 그리고 그 자신감은 오늘, 지금 이 순간부터 만들어진다.

개인 이미지 브랜딩 3:
말로 마음을 사로잡는 기술(言)

말은 사람들의 마음을 움직이는 강력한 도구이다. 비즈니스맨에게는 명확하고 확신에 찬 발언이 필수적이다. 특히, 복잡한 전문 정보를 쉽게 전달할 수 있는 능력은 신뢰를 쌓는 데 매우 효과적이다.

강력한 메시지와 펀치 라인

강력한 메시지를 전달하기 위해서는 간결함과 명확함, 그리고 청중의 감정을 움직이는 힘이 필요하다.

전략 컨설턴트 사이먼 시넥(Simon Sinek)은 'Start with WHY'라는 개념으로 유명하다. 그는 조직이나 개인이 성공하기 위해서는 '무엇을 하는가', '어떻게 하는가'보다 먼저 '왜 하는가'를 명확히 해야 한다고 주장했다. 목적과 가치를 바르게 세우는 것에서 일이 시작되어야 한다는 자신의 관점을 "WHY로 시작하라(Start with WHY)"라는 표현으로 정의했다. 사이먼 시넥의 표현이 사람들을 사로잡은 이유는, 그 질문이 단순하면서도 본질적인 가치와 목적을 바로 건드렸기 때문이다. 이와 같은 강력한 메시지를 구성하기 위해서는 몇 가지 핵심 요소를 고려해야 한다.

핵심 가치를 전달하라

사이먼 시넥의 '왜'는 당신이 하는 일의 핵심 이유를 묻는다. 이는 당신의 목적과 가치를 직접적으로 드러내는 질문이다. 예를 들어, "우리가 이 일을 하는 진짜 이유는 무엇인가?"라는 질문은 사람들이 당신의 메시지에 깊이 공감하게 만든다. 이때 "우리는 고객의 신뢰를 위해 존재합니다"와 같이, 단순하지만 힘 있는 가치를 전달하는 것이 중요하다. 즉 핵심 가치를 담은 메시지가 요구된다.

명확하고 간결하게 표현하라

불필요한 장황한 설명 없이, 핵심을 찌르는 간결한 문장이 필요하다. "시간은 금이다", "행동이 말보다 강하다" 등과 같은 짧고 강력한 문장들로 상대에게 메시지를 각인시켜라

그리고 메시지의 끝을 강력하게 마무리하는 한 줄의 문장이 펀치라인 역할을 한다. 예를 들어, "오늘의 선택이 내일을 결정한다"라는 식의 문장은 청중에게 깊은 인상을 남길 수 있다.

감정에 호소하라

"당신의 성공은 우리의 미션입니다"와 같이 청중이 직접 느낄 수 있는 감정적 연결을 만들어야 한다. 이를 통해 공감을 유도한다.

"우리는 변화의 물결을 만들어갑니다"와 같은 표현은 청중의 감정을 자극하고 함께 행동할 동기를 부여할 수 있다. 즉 호소력 있는 언어이다.

말 잘하는 사람에게 배우기

———

토론 사회자나 방송 진행자로서 멋진 표현을 자주 사용하는 대표적인 인물로는 손석희 전 〈JTBC 뉴스룸〉 앵커를 꼽을 수 있다. 손석희는 정확한 표현과 함께 깊이 있는 질문으로 잘 알려져 있으며, 그의 말 한마디 한마디는 무게감 있고, 때로는 강력한 메시지를 담고 있다.

손석희는 토론이나 인터뷰에서 상대방을 존중하면서도 날카로운 질문을 던지는 것으로 유명하다. 그는 "그러면 이 질문을 하지 않을 수 없습니다"와 같은 표현으로, 본질적인 질문을 던지기에 앞서 청중의 주의를 집중시킨다.

그는 상대방의 의견을 경청하면서도, 핵심을 짚는 질문으로 논의를 이끌어간다. 말투는 차분하면서도 단호하며, 청중에게 신뢰를 주는 것이 특징이다.

세월호 사건 이후 당시 정부에 대한 인터뷰에서, 그는 "진실은 말하는 사람의 것이 아니라 듣는 사람의 몫입니다"라는 말로 큰 감동을 준 바 있으며, 이 표현은 진실의 중요성을 강조하면서도, 청중이 직접 판단하도록 이끄는 강력한 메시지를 담고 있다.

유시민은 깊이 있는 분석과 설득력 있는 화법으로 잘 알려져 있다. 그는 "결국 중요한 것은…"이라는 표현을 자주 사용하는데, 이것은 논의의 본질을 간결하게 요약하며 청중에게 명확한 결론을 제공하는 역할을 한다.

또한, "그렇다면 우리가 무엇을 배워야 하는가?"와 같은 질문을 던지며, 논의를 더 깊이 있게 이끌어가는 것 또한 그의 화법의 특징이다. 이는 상대방을 설득하고, 더 나아가 청중을 끌어들이는 데 효과적이다.

말 잘하는 사람은 각자의 스타일로 토론을 이끌며, 청중에게 깊은 인상을 남기는 표현을 자주 사용한다. 이들의 화법은 토론을 주도하고, 상대방과 청중을 모두 설득하는 데 중요한 역할을 한다.

개인 이미지 브랜딩 4:
눈빛으로 전하는 확신의 힘(眼)

눈을 통한 신뢰의 전달: 0.3초 안에 상대를 사로잡는 과학

단 0.3초. 이것이 첫 눈 맞춤으로 상대방의 뇌에 신뢰 신호가 전달되는 시간이다. 하지만 대부분의 사람은 이 0.3초의 기회를 매일 150번씩 놓치고 있다는 사실을 모른다.

성공하는 비즈니스맨과 평범한 비즈니스맨의 차이를 아는가? 성공하는 비즈니스맨은 하루 150번의 눈 맞춤 기회를 전략적으로 활용한다. 아침 출근길 엘리베이터에서 5번, 회의와 미팅에서 45번, 점심 식사와 네트워킹에서 30번, 협상과 프레젠테이션에서 25번, 퇴근 후 모임에서 45번. 이 각각이 당신의 커리어를 바꿀 소중한 기회들이다.

당신의 눈이 보내는 무의식의 신호들

───────

심리학자 에이미 커디(Amy Cuddy)의 연구 결과는 충격적이었다. 올바른 눈 맞춤만으로도 상대방의 테스토스테론 수치를 19%나 변화시킬 수 있다는 것이다. 즉, 당신의 시선 하나가 상대방의 호르몬 분비까지 좌우한다는 뜻이다. 더욱 놀라운 것은 당신이 의식하지 못하는 사이에 눈이 수백 가지 신호를 보내고 있다는 사실이다. 불안할 때 깜빡이는 횟수, 거짓말할 때 움직이는 시선의 방향, 확신이 설 때 고정되는 응시의 강도까지. 상대방의 무의식은 이 모든 것을 읽어내고 있다.

하지만 대부분의 사람이 이 강력한 무기를 제대로 사용하지 못하고 있다. 어떤 이는 너무 뚫어지게 쳐다보다가 상대방을 불편하게 만들고, 어떤 이는 시선을 회피하다가 신뢰감을 잃는다. 그 사이 어딘가에 완벽한 균형점이 있다.

성공하는 사람들의 숨겨진 눈 맞춤 패턴

───────

MIT 연구팀이 1,000명의 비즈니스 미팅을 분석한 결과는 흥미로웠다. 성공적인 계약 체결의 87%에서 특정한 눈 맞춤 패턴이 발견된 것이다.

성공하는 사람들은 마치 정교한 무용수처럼 시선을 움직였다. 첫 3초 동안 상대방의 눈을 보다가 입으로, 다시 눈으로 시선을 이동시키며 신뢰의 기반을 다졌다. 중간 단계에서는 7초간 집중적으로 응시하다가 2초간 시선을 다른 곳으로 돌려 상대방에게 숨 쉴 틈을 주었다. 그리고 다시 5초간 응시하며 집중력을 유지했다. 마지막에는 10초간 지속적인 눈 맞춤으로 확신을 전달했다.

반면 실패하는 사람들의 패턴은 완전히 달랐다. 1초에 3회 이상 불규칙하게 깜빡이거나, 2초 이상 시선을 다른 곳으로 돌리며 회피하는 모습을 보였다. 때로는 15초 이상 강박적으로 응시해 상대방을 압박하기도 했다. 이런 작은 차이들이 결과적으로 계약의 성패를 가른 것이다.

디지털 시대의 새로운 도전

────

요즘 화상회의가 일상이 되면서 새로운 문제가 생겼다. 99%의 사람들이 모르는 화상회의 눈 맞춤의 함정이 바로 그것이다. 대부분 사람이 화면 속 상대방의 얼굴을 보지만, 이는 상대방에게는 아래를 내려다보는 것처럼 보인다. 미묘한 상하관계가 형성되는 순간이다.

해결책은 의외로 간단했다. 카메라 렌즈를 정점으로 하는 삼각형을 상상하고, 카메라에 2초, 화면 속 상대방 얼굴에 5초, 다시 카메라에 2초 순서로 시선을 이동시키는 것이다. 특히 중요한 말을 할 때는 반드시 카메라를 직접 응시해야 한다. 이 간단한 기법만으로도 화상회의에서 압도적인 존재감을 드러낼 수 있다.

협상 테이블에서의 눈 맞춤 전쟁

협상은 심리전이다. 그리고 그 심리전의 첫 번째 전장이 바로 눈이다. 숙련된 협상가들은 단계별로 다른 눈 맞춤 전략을 구사한다.

오프닝 5분 동안에는 부드러운 눈 맞춤으로 상대방의 경계심을 해소한다. 너무 강하게 쳐다보면 적대감을 불러일으키기 때문이다. 중간 20분 동안에는 점차 강화된 눈 맞춤으로 심리적 압박감을 조성한다. 상대방이 불리한 조건을 제시할 때나 거짓말의 징후를 보일 때는 더욱 집중적으로 응시한다. 마지막 5분에는 확신에 찬 눈 맞춤으로 결단을 유도한다.

흥미롭게도 거짓말하는 사람에게는 특별한 신호들이 나타난다. 눈을 위로 올리며 말하는 것은 기억을 조작하고 있다는 신호이고, 눈꺼풀을 빠르게 깜빡이는 것은 스트레스 반응이다. 시선을 왼쪽으로 돌리는 것은 상상하고 있다는 뜻으로, 거짓말 가능성을 시사한다.

팀 미팅에서 자연스러운 리더십 확립하기

리더십은 임명되는 것이 아니라 인정받는 것이다. 그리고 그 인정은 종종 눈 맞춤에서 시작된다. 회의실에 들어서는 순간부터 당신의 눈빛이 리더십을 말한다.

효과적인 리더는 포용적 스캔 기법을 사용한다. 모든 참석자와 2초씩 눈을 맞추며 모든 사람이 중요하다는 메시지를 전달한다. 그 후 핵심 인물과는 8초간 눈 맞춤을 하며 그들의 중요성을 강조한다. 결론을 발표할 때는 10초간 연속으로 눈 맞춤을 유지하며 확신을 보여준다.

이런 미묘한 시선의 리듬이 회의실 전체의 분위기를 바꾼다. 사람들은 자연스럽게 당신의 말에 더 집중하게 되고, 당신의 의견에 더 무게를 두기 시작한다. 권력은 주어지는 것이 아니라 만들어지는 것이라는 말이 바로 이런 순간에 실현된다.

눈 맞춤은 0.3초 만에 신뢰를 쌓고, 확신을 전달하며, 관계를 변화시키는 가장 강력한 비언어적 소통 도구다. 당신의 눈빛이 확신으로 빛나는 순간, 세상이 당신을 다르게 보기 시작할 것이다.

눈 맞춤을 잘하는 사람들

———

임팩트 있는 눈 맞춤으로 상대를 사로잡는 대표적 인물로 배우 이정재를 꼽을 수 있다. 이정재는 영화와 드라마에서 깊이 있는 눈빛 연기로 유명하다. 그의 눈빛은 단순한 연기 이상의 강력한 메시지를 전달하며, 시청자나 상대 배우를 압도하는 힘을 가지고 있다.

특히, 영화 〈신세계〉에서 이정재가 보여준 눈빛은 그가 맡은 캐릭터의 내면을 완벽하게 표현했다. 그는 눈빛 하나로 대사를 넘어서는 감정을 전달하며, 그 순간의 긴장감과 캐릭터의 복잡한 감정을 시청자에게 전달한다. 그의 눈 맞춤은 상대 배우와의 장면에서도 강력한 존재감을 발휘하며, 그가 대사 없이도 얼마나 많은 이야기를 눈빛으로 전달할 수 있는지를 잘 보여준다.

이정재는 눈빛을 통해 상대방을 압도하고, 대화와 장면의 중심을 자신에게 끌어들이는 능력을 지니고 있다. 이러한 눈빛은 단순한 시각적 표현이 아니라, 그들이 전달하고자 하는 메시지를 더욱 강렬하게 만드는 도구로 활용된다.

이정재의 강인함과는 달리, 부드러운 눈빛으로 사람들에게 인상 깊게 남는 인물 중 한 명으로 공유를 들 수 있다. 공유는 드라마와 영화에서 다양한 역할을 소화해왔으며, 특히 그의 부드럽고 따뜻한 눈빛이 큰 매력 포인트로 작용했다.

공유는 작품 속에서 상대방을 바라볼 때 부드럽고 진정성 있는 눈빛으로 많은 사람의 마음을 사로잡았다. 특히 드라마 〈도깨비〉에서 그의 눈빛은 캐릭터의 깊은 감정을 표현하는 데 중요한 역할을 했다. 그가 상대방을 바라보며 보여주는 부드러운 시선은 그가 전하고자 하는 감정을 시청자에게 더욱 강하게 전달한다.

공유의 눈빛은 신뢰와 따뜻함을 전달하며, 그의 캐릭터들이 더욱 매력적으로 보이도록 만든다. 이러한 눈빛은 시청자들에게 편안함과 감동을 동시에 주며, 그의 연기에 더욱 몰입하게 만드는 힘을 가지고 있다.

공유는 부드러운 눈빛을 통해 감정을 전달하는 능력이 뛰어나며, 이는 그를 많은 팬에게 사랑받는 배우로 만드는 중요한 요소 중 하나이다. 그의 눈빛은 단순한 시선 이상의 깊이와 진심을 담고 있어, 대중에게 강한 인상을 남긴다.

눈 맞춤은 기술이 아니라 예술이다. 그리고 그 예술의 주인공은 바로 당신이다. 당신의 눈이 세상을 바꿀 준비가 되었는가?

개인 이미지 브랜딩 5:
손짓 하나로 마음의 문을 여는 법(手)

할머니의 손이 가르쳐준 진실

때로 손동작은 큰 의미를 담는다. 이때가 마음의 창이 열리는 순간이다. 말이 없어도 손이 전하는 가장 큰 목소리를 느낄 수 있다.

내가 손동작의 진정한 힘을 깨달은 건 할머니를 통해서였다. 쇠약해진 할머니는 더 이상 "사랑한다"는 말씀을 하실 수 없었지만, 그분의 손은 여전히 모든 것을 말하고 있었다.

내 뺨을 어루만지는 그 떨리는 손길에서 나는 수십 년간의 사랑을 느꼈고, 가족사진을 만지는 조심스러운 손끝에서 그리움을 읽었으며, 빈 공중을 헤매는 손동작에서 돌아오지 않는 기억들을 향한 애타는 마음을 보았다.

그때 깨달았다. 손은 몸의 일부가 아니라 마음이 밖으로 흘러나오는 창구라는 것을. 그리고 그 창구를 통해 우리는 말로는 결코 전할 수 없는 깊은 감정과 의도를 전달할 수 있다는 것을.

하지만 이 깨달음이 단순히 개인적인 감상에 그치지 않았다. 25년간 비즈니스 현장에서 수많은 사람을 만나면서, 나는 손동작이 개인적 관계를 넘어 비즈니스 성공의 핵심 요소라는 사실을 발견하게 되었다.

젤렌스키의 손동작

내가 손동작의 진정한 힘을 깨달은 건 2022년 2월 젤렌스키 우크라이나 대통령의 연설을 본 순간이었다. 전쟁이 시작된 지 3일째, 그가 키예프 거리에서 찍은 5초짜리 영상에서 보여준 한 손동작이 역사를 바꿨다.

폭격 소음이 들리는 가운데, 그는 카메라를 향해 오른손으로 가슴을 짚으며 "우리는 여기 있다"고 말했다. 단순한 제스처였지만 그 손동작에는 굴복하지 않겠다는 의지와 국민을 지키겠다는 결의가 담겨 있었다. 그 5초 영상이 전 세계로부터 400억 달러의 군사 지원을 이끌어냈다. 말이 아니라 손동작 하나가 국제 정치를 움직인 것이었다.

비즈니스에서 손동작이 만드는 절실함의 차이

―――――

똑같은 내용도 손동작에 따라 전달되는 절실함의 정도가 완전히 달라진다.

예를 들어, "이 제품이 고객님께 도움이 될 것입니다"라는 말을 해보자. 손을 움직이지 않고 말하면 단순한 정보 전달에 그친다. 하지만 두 손을 모아 '드리는' 제스처와 함께 말하면 진심 어린 추천의 느낌을 준다. 제품을 향해 손바닥을 펴며 말하면 확신에 찬 보장의 의미가 되고, 가슴에 손을 얹고 말하면 개인적 책임감의 표현이 된다.

똑같은 문장이지만, 손동작에 따라 고객이 느끼는 신뢰도와 구매 욕구가 완전히 달라진다. 이것이 바로 손동작이 내포하는 힘이다.

절실함이 전달되는 메커니즘

―――――

왜 어떤 영업사원의 말은 절실하게 들리고, 어떤 영업사원의 말은 형식적으로 들릴까? 그 차이의 핵심이 바로 손동작에 있다.

절실함을 전달하는 손동작에는 몇 가지 특징이 있다. 먼저 손바닥을 보여주는 제스처가 있다. 이는 '숨길 것이 없다'는 투명성을 표현한다. 가슴 쪽으로 향하는 움직임은 '진심으로 생각한다'는 감정을 전달한다. 적절한 접촉과 거리는 '당신을 배려한다'는 관심을 표현하며, 리듬감 있는 강조는 '정말 중요하다'는 우선순위를 전달한다.

반대로 형식적으로 느껴지는 손동작도 있다. 손을 숨기거나 고정하면 '진심이 아니다'는 인상을 준다. 기계적이고 반복적인 동작은 '외운 말을 한다'는 느낌을 주며, 과도하거나 부족한 제스처는 '부자연스럽다'는 위화감을 조성한다. 타이밍이 맞지 않는 동작은 '말과 마음이 따로'라는 의심을 불러일으킨다.

제품 설명, 추상을 구체로 만드는 마법

제품이나 서비스의 가치를 설명할 때, 손동작은 추상적 개념을 구체적 이미지로 변환하는 강력한 도구가 된다.

효과적인 제품 설명을 위해서는 여러 가지 손동작을 활용할 수 있다. 크기를 표현할 때는 두 손으로 실제 크기를 시연하여 고객이 구체적으로 상상할 수 있게 한다. 기능을 설명할 때는 손동작으로 작동 과정을 재현하여 이해도를 높인다. 혜택을 강조할 때는 손바닥으로 '드리는' 제스처를 활용하여 고객이 받는다는 느낌을 준다. 문제와 해결책을 설명할 때는 한 손으로 문제를 지적한 후 다른 손으로 해결책을 제시하여 명확한 대비를 보여준다.

프레젠테이션의 숨겨진 승부처

대부분의 사람이 프레젠테이션에서 PPT 슬라이드나 말솜씨에만 신경 쓴다. 하지만 정작 청중들이 기억하는 건 발표자의 손동작인 경우가 많다.

성공적인 TED 강연자들의 손동작을 분석해보면 흥미로운 패턴을 발견할 수 있다. 그들은 추상적인 개념을 설명할 때 손으로 그 개념의 크기나 모양을 표현한다. '거대한 변화'라고 말할 때는 두 손을 넓게 벌리고, '정밀한 분석'이라고 할 때는 엄지와 검지로 작은 공간을 만든다. 이런 시각적 보조 수단이 메시지의 전달력을 3배 이상 높인다.

하지만 주의할 점도 있다. 과도한 손동작은 오히려 산만함을 준다. 핵심은 적절한 타이밍과 절제된 강도다.

오늘부터 시작하는 작은 변화

————

손동작의 파워를 깨닫는 것은 복잡한 과정이 아니다. 오늘 당장 첫 번째 고객을 만날 때부터 시작할 수 있다.

가장 먼저 해야 할 일은 의식적으로 손을 보여주는 것이다. 주머니에 넣어두거나 테이블 아래 숨기지 말고, 자연스럽게 상대방이 볼 수 있는 위치에 두자. 이것만으로도 신뢰도가 눈에 띄게 향상될 것이다.

그다음은 말과 동작의 일치다. 중요한 포인트를 설명할 때는 손으로도 그 중요성을 표현하고, 감정을 전달할 때는 손으로도 그 감정을 그려보자.

때로는 가장 완벽한 프레젠테이션보다 진심 어린 손동작 하나가 고객의 마음을 더 크게 움직일 수 있다. 할머니가 가르쳐주신 것처럼, 손은 마음의 창구다. 그 창구를 통해 당신의 진정성과 열정을 고객에게 전달해보자.

카리스마, 그 이후의 세상

1년 후, 당신은 이런 말을 들을 것이다.

"그 사람 만나면 뭔가 달라져."

"말을 안 해도 신뢰가 간다."

"함께 있으면 안정감이 느껴진다."

"저 사람과는 꼭 일해보고 싶다."

10년 후, 사람들은 당신을 이렇게 기억할 것이다.

'그때 그 사람이 없었다면…'

'결정적인 순간마다 그 사람이 있었지.'

'왜인지 모르겠지만 그 사람 말에는 힘이 있었어.'

카리스마의 진짜 힘은 여기에 있다.

단순히 첫인상을 좋게 만드는 것을 넘어,

사람들의 기억 속에 영원히 남는 존재가 되는 것이다.

기억하라. 세상에는 두 종류의 사람이 있다.

지나가는 사람과 머무르는 사람.

잊히는 사람과 기억되는 사람.

따르는 사람과 이끄는 사람.

당신은 어떤 사람이 될 것인가?

카리스마는 선택이다.

그리고 그 선택은 지금 이 순간 시작된다.

Outlook
외적 이미지

외적 이미지는 첫인상에서 가장 중요한 부분이다. 무엇을 입고, 어떻게 나타나느냐는 중요한 시각적 메시지를 전달하며 고객에게 신뢰를 줄 수 있는지를 결정한다. CORE 전략에서 'Outlook'은 프로페셔널리즘을 외적으로 표현하는 방법을 다룬다. 올바른 복장, 스타일링, 디지털 아웃룩 관리에 이르기까지, 고객을 처음 만났을 때부터 신뢰할 수 있는 이미지를 구축하는 전략을 배운다.

작은 디테일이 만드는
압도적 차이

99%가 놓치는 1%의 완성도

"저 사람, 뭔가 다르다."

　같은 정장을 입고 있는데도 어떤 사람은 평범해 보이고, 어떤 사람은 특별해 보이는 이유가 무엇일까? 답은 옷 자체가 아니라 디테일에 있다. 포켓 스퀘어 하나, 시계 하나, 안경테 하나가 만드는 차이를 대부분의 사람은 모른다.

　인간의 뇌는 완성도를 통해 신뢰도를 판단한다. 이는 수만 년간 진화해온 생존 본능의 결과다. 세심한 주의력을 가진 사람이 더 믿을 만하고, 따라서 협력할 가치가 있는 상대라고 인식하는 것이다. 현대 비즈니스에서 이 본능은 더욱 정교해졌다.

　고객과 동료들은 무의식적으로 당신의 완성도를 통해 당신의 업무 능력을 가늠한다. 디테일은 철학의 표현이다. 포켓 스퀘어를 정성스럽게 접어 넣는 사람과 그렇지 않은 사람 사이에는 근본적인 차이가 있다. 안 해도 그만인 소품으로 그칠지 모르는 데까지 세심하게 주의하는 사람은 자신의 이미지를 각인시키겠다는 의지가 강하다. 이렇게 애쓴 차이는 결국 업무의 질로 이어진다.

완성도는 전문성의 지표가 된다. 시계를 선택할 때 자신의 업종과 가치관을 고려하는 사람은 비즈니스 결정을 내릴 때도 다각도로 분석하고 신중하게 판단할 가능성이 크다. 안경 프레임을 자신의 얼굴형과 이미지에 맞춰 선택하는 세심함은 고객의 니즈를 정확히 파악하고 맞춤형 솔루션을 제공하는 능력과 상통한다.

차별화는 본질에서 시작되지만 디테일에서 완성된다. 뛰어난 실력을 지닌 사람은 많다. 하지만 그 실력을 완성도 높은 이미지로 포장할 줄 아는 사람은 드물다. 패턴과 컬러를 통해 자신의 창의성을 은연중에 드러내고, 가방 하나로도 자신의 조직력과 라이프스타일을 보여주는 사람. 그들이 바로 기억되고 선택받는 사람들이다.

신뢰는 일관성에서 나온다. 한 번의 완벽한 프레젠테이션보다 매일매일 보여주는 세심한 디테일이 더 강력한 신뢰를 만든다. 언제 만나도 흠잡을 데 없는 완성도를 유지하는 사람에게 사람들은 자연스럽게 중요한 일을 맡기게 된다. 이것이 디테일이 가진 진정한 힘이다.

디테일에 대한 관심은 곧 상대방에 대한 존중이다. 중요한 미팅에 나갈 때 완성도 높은 모습으로 준비하는 것은 상대방을 존중한다는 의미다. 반대로 대충 준비한 모습은 '당신은 내게 그 정도 가치밖에 안 된다'는 메시지를 전달한다. 성공하는 비즈니스맨들이 디테일을 중시하는 이유가 여기에 있다.

비즈니스의 본질은 신뢰를 기반으로 한 관계 구축이다. 그리고 그 신뢰의 첫 단추는 종종 작은 디테일에서 꿰어진다. 99%가 놓치는 1%의 완성도, 그것이 당신을 압도적으로 다른 사람으로 만들어줄 것이다.

포켓 스퀘어: 평범함을 거부하는 1%의 완성도
───

포켓 스퀘어를 아는 사람과 모르는 사람 사이에는 보이지 않는 계급이 존재한다. 이것은 단순한 천 조각이 아니다. "나는 디테일까지 생각하는 사람입니다"라는 무언의 선언이다.

월스트리트의 전설적인 투자가 워런 버핏이 공식 석상에서 항상 포켓 스퀘어를 착용하는 이유를 아는가? 그는 한 인터뷰에서 "완성도에 대한 나의 철학을 보여주는 것"이라고 답했다. 투자에서 작은 차이가 수십억 달러의 결과를 만들어내듯, 비즈니스에서도 작은 디테일이 큰 차이를 만든다는 것을 그는 알고 있다.

중요한 건 과시가 아니라 절제다. 화려한 색상이나 패턴보다는 정장과 조화를 이루는 단색이나 미묘한 패턴이 더 효과적이다. 포켓 스퀘어를 통해 "나 좀 보세요"가 아니라 "나는 이것마저 준비된 완성된 사람입니다"라고 속삭여야 한다.

우리가 흔히 '행커칩'이라고 부르는 포켓 스퀘어는 비즈니스맨이 개성을 표현할 수 있는 가장 효과적인 액세서리 중 하나이다. 전통적인 슈트 스타일은 때로는 너무 보수적으로 보일 수 있지만, 포켓 스퀘어를 활용하면 전반적인 룩에 미묘한 변화를 줄 수 있다. 특히, 단색 슈트에 컬러풀한 포켓 스퀘어를 더하면 전문성과 신뢰를 유지하면서도 개성을 표현할 수 있다.

이런 포켓 스퀘어는 작은 아이템이지만 디테일에 대한 관심과 완성도를 보여주는 강력한 신호다. '세심하고 계획적인 사람', '높은 지위의 사람'이라고 보일 수 있으나, 너무 화려하거나 복잡한 패턴은 역효과를 낸다. 특히 한국 비즈니스 문화에서는 절제된 우아함이 더 높은 평가를 받는다.

한 가지 주의 깊게 봐야 할 포인트는 소재 선택이다. 이는 때로 컬러보다 중요하다. 실크는 고급스러움과 전통을 의미하고, 린넨은 자연스러움과 모던함을 표현한다. 면 소재는 캐주얼한 접근성을 나타낸다.

시간 철학을 보여주는 도구, 시계

시계는 시간을 확인하는 도구만이 아니다. 당신의 시간에 대한 철학을 보여주는 브랜딩 도구다. 스마트폰으로 시간을 확인할 수 있는 시대에도 성공한 비즈니스맨들이 여전히 시계를 차는 이유가 여기에 있다.

예를 들어 전통적인 금융업계의 임원들은 클래식한 기계식 시계를 선호한다. '전통과 신뢰'라는 메시지를 전달하기 위해서다.

중요한 건 가격이 아니라 일관성이다. 당신의 업종, 성격, 가치관과 맞는 시계를 선택해야 한다. 스타트업 창업자가 화려한 금시계를 차면 오히려 '돈 관리를 제대로 못 하는 사람'으로 보일 수 있다.

시계는 액세서리를 넘어 그 사람의 시간 철학과 가치관을 보여주는 도구다. 스탠퍼드 비즈니스 스쿨의 연구에 따르면, 착용하는 시계 유형에 따라 상대방이 받는 인상이 크게 달라진다.

고급 기계식 시계를 착용한 사람에 대해서는 '전통을 중시하는 사람', '장기적 관점을 가진 사람', '품질을 중시하는 사람' 등의 인식이 형성된다. 이는 보수적이고 안정적인 비즈니스 관계를 원하는 상대방에게 효과적이다.

스마트워치를 착용한 사람에 대해서는 다른 평가가 나온다. '혁신적인 사람', '효율성을 중시하는 사람', '변화에 적응적인 사람'으로 인식하는 경향이 강하다. 이는 혁신과 속도가 중요한 비즈니스 환경에서 유리하다.

여기서 흥미로운 점은 세대별 선호도 차이다. 40대 이상의 의사결정권자들은 여전히 고급 기계식 시계에 더 높은 점수를 준다. 반면 30대 이하의 의사결정권자들은 스마트워치를 더 긍정적으로 평가한다.

최근 하이브리드 전략도 등장하고 있다. 고급 브랜드의 스마트워치나, 클래식한 디자인의 스마트워치를 선택해 전통과 혁신을 동시에 어필하는 방법이다.

안경 프레임: 지적 능력의 시각적 표현

안경을 쓰는 사람은 평균적으로 7% 더 지적으로 보이고, 14% 더 신뢰할 만하다고 인식된다는 연구 결과가 있다. 하지만 아무 안경이나 쓴다고 되는 게 아니다. 프레임 선택이 모든 걸 결정한다. 지성과 신뢰를 동시에 잡는 프레임 선택의 기술이 필요하다.

한국의 한 유명 변호사는 법정에서 항상 뿔테 안경을 쓴다. 시력에는 전혀 문제가 없음에도 불구하고 말이다. "나를 더 신뢰할 만한 사람으로 본다"라는 것이 그의 설명이다. 실제로 그의 승소율은 안경을 쓰기 시작한 후 15% 증가했다.

프레임의 두께와 모양은 당신이 주고 싶은 이미지에 따라 달라져야 한다. 얇은 금테는 세련됨을, 두꺼운 뿔테는 지적 신뢰감을, 무테는 모던함을 전달한다. 중요한 건 얼굴형과 업종에 맞는 선택을 하는 것이다.

뿔테 프레임은 창의성과 독창성을 나타낸다. 특히 디자인, 마케팅, 스타트업 분야에서 효과적이다. 두꺼운 뿔테는 강한 개성을 표현하지만, 너무 두꺼우면 고집스러운 인상을 줄 수 있다.

투명 프레임은 최근 급부상하는 트렌드다. 모던하면서도 부담스럽지 않은 인상을 주어, 다양한 세대와 소통해야 하는 포지션에서 효과적이다.

컬러 프레임은 신중한 접근이 필요하다. 네이비나 딥 그린 같은 절제된 컬러는 세련된 개성을 표현할 수 있지만, 너무 밝거나 튀는 색상은 비즈니스 환경에서 부담스러울 수 있다.

패턴과 컬러: 창의성과 자신감의 지표

———

패턴과 컬러에는 창의성과 자신감을 드러내는 색깔 심리학이 개입한다. 색깔은 말 없는 언어다. 네이비 정장에 빨간 넥타이를 매는 정치인들이 우연히 그런 선택을 하는 게 아니다. 네이비는 신뢰감을, 빨간색은 열정과 리더십을 상징한다는 걸 그들은 알고 있다.

구글의 창업자들이 회사 초창기에 화려한 색상의 셔츠를 즐겨 입었던 이유도 마찬가지다. "우리는 기존 IT 업계와 다르다"는 메시지를 색깔로 전달한 것이었다.

혁신과 창의성이 필요한 업종에서는 적절한 컬러와 패턴이 오히려 경쟁력이 된다. 하지만 여기에도 절제가 필요하다. 너무 화려하면 '가벼운 사람'으로 보일 수 있고, 너무 무채색이면 '재미없는 사람'으로 인식될 수 있다. 당신의 업종과 성격, 상황에 맞는 적절한 밸런스를 찾는 것이 핵심이다.

전통적인 비즈니스 업계에서는 단색의 셔츠와 넥타이를 많이 사용하지만, 고급스러운 패턴을 적절히 활용하면 단조로운 스타일에 생기를 불어넣을 수 있다. 예를 들어, 잔잔한 스트라이프나 체크무늬의 셔츠는 클래식한 슈트와 조화롭게 어우러지며, 전문성을 유지하면서도 개성을 표현할 수 있다.

패턴을 선택할 때는 전체적인 스타일의 균형을 고려하는 것이 중요하다. 패턴이 과도하게 많거나 복잡하면 오히려 산만한 인상을 줄 수 있다. 따라서 패턴이 있는 셔츠를 입을 때는 넥타이와 슈트를 단순하게 유지하는 것이 좋다. 또한, 양말에 패턴을 활용하는 것도 좋은 방법이다. 보통은 잘 보이지 않지만, 앉았을 때나 움직일 때 살짝 드러나는 독특한 패턴의 양말은 스타일에 재미와 개성을 더한다. 이는 자신만의 스타일을 통해 고객에게 친근함을 느끼게 하는 데 도움이 된다.

컬러 역시 개성을 표현할 수 있는 직관적인 방법 중 하나이다. 대부분의 비즈니스맨은 클래식한 색상의 정장을 선호하지만, 여기에 소소한 컬러 포인트를 추가함으로써 전체적인 룩에 활기를 불어넣을 수 있다. 예를 들어, 짙은 색상의 정장에 다크 그린이나 버건디 색상의 넥타이를 매치하면, 강렬하면서도 세련된 인상을 줄 수 있다.

컬러 포인트를 활용할 때는 전체적인 조화를 고려하는 것이 중요하다. 지나치게 튀는 색상은 오히려 불안정한 인상을 줄 수 있으므로, 세련된 톤의 컬러를 선택하는 것이 좋다. 예를 들어, 파스텔 톤의 셔츠나 포켓 스퀘어는 고급스럽고 부드러운 인상을 줄 수 있다. 이러한 컬러 포인트는 개성을 표현하는 동시에, 고객에게 신뢰감을 줄 수 있는 중요한 요소가 된다.

가방, 조직력과 생활 철학의 반영

———

가방은 당신의 조직력과 라이프스타일을 가장 솔직하게 드러내는 아이템이다. 구겨진 서류가 담긴 해어진 가방을 든 사람에게 중요한 프로젝트를 맡기고 싶을까? 가방은 그의 일관성과 신념을 상징하는 브랜드 아이템이 되었다.

가방의 선택 기준은 실용성과 품격의 조화다. 너무 크면 '정리정돈을 못 하는 사람'으로, 너무 작으면 '일이 별로 없는 사람'으로 보일 수 있다. 당신의 업무량과 이동 패턴에 맞는 적절한 크기와 스타일을 선택해야 한다.

가방은 조직력, 효율성 그리고 생활 철학을 보여주는 중요한 각인 포인트다. 가죽 브리프케이스는 전통적 전문성과 권위를 표현한다. 특히 고급 가죽으로 만든 클래식한 브리프케이스는 법무, 금융, 컨설팅 분야에서 필수 아이템으로 여겨진다. 시간이 지날수록 더 멋있어지는 가죽의 특성은 장기적 관점과 품질 중시 성향을 나타낸다.

메신저백이나 크로스백은 실용성과 현대적 감각을 표현한다. 특히 IT, 디자인, 스타트업 분야에서 선호되는 스타일이다. 빠른 이동과 자유로운 활동이 가능해 역동적이고 효율적인 업무 스타일을 어필할 수 있다.

백팩은 과거에는 비즈니스 환경에서 기피되었지만, 최근에는 혁신적이고 실용적인 선택으로 재평가받고 있다. 특히 고급 소재와 미니멀한 디자인의 비즈니스 백팩은 새로운 세대의 리더십 스타일을 표현한다.

가방 선택에서 중요한 것은 일관성이다. 전체적인 스타일과 조화를 이루면서도 개인의 업무 특성과 철학을 반영해야 한다.

성공적인 이미지
변신 사례

룰라 이상민: 안경 하나가 만든 완벽한 캐릭터 변신

1990년대 댄스그룹 룰라의 멤버였던 이상민은 그룹 해체 후 예능에서 완전히 새로운 캐릭터로 재탄생했다. 그 결정적 역할을 한 것이 바로 두꺼운 뿔테 안경이었다.

룰라 시절의 이상민은 전형적인 아이돌 이미지였다. 잘생기고 춤 잘 추는 댄서 정도의 인식이었다. 하지만 예능에서 안경을 쓰기 시작하면서 완전히 다른 사람이 되었다.

안경을 쓴 순간 이상민은 지적이고 유머러스한 캐릭터로 변했다. 두꺼운 뿔테 안경은 그에게 '생각하는 사람', '분석하는 사람'이라는 이미지를 부여했다. 실제로 그는 예능에서 날카로운 관찰력과 재치 있는 분석으로 주목받기 시작했다.

더 중요한 것은 접근 가능한 지적 이미지를 만들어낸 것이다. 일반적인 지적 이미지는 차가워 보일 수 있지만, 이상민의 안경은 친근하면서도 똑똑해 보이는 절묘한 균형을 만들어냈다.

이제 이상민 하면 자동으로 안경이 떠오른다. '안경 쓴 이상민 = 재치 있고 분석적인 예능인'이라는 등식이 완전히 자리 잡았다. 심지어 안경을 벗으면 어색해 보일 정도로 안경이 그의 정체성이 되었다.

빌리 아일리시: 스타일로 뒤흔든 10대의 혁명

———

미국의 싱어송라이터 빌리 아일리시는 파격적인 스타일과 독창적인 음악으로 젊은 세대에게 큰 인기를 끌고 있다. 특히, 그녀의 이미지 변신은 많은 이들에게 주목받았다.

그녀의 이미지 변신 요소는 독특한 패션과 개인사 고백에 있다. 빌리 아일리시는 기존의 팝 스타들과는 다른 넉넉한 옷과 강렬한 색감의 패션을 통해 자신만의 독특한 이미지를 구축했다. 그리고 자신의 정신 건강과 개인적 경험에 대해 솔직하게 이야기하며, 많은 팬에게 공감을 얻었다.

환경보호, 정신 건강, 여성 권리 등 다양한 사회적 이슈에 대해 목소리를 내며, 팬들과의 연결을 강화했다. 결과적으로 빌리 아일리시는 독특한 스타일과 진정성 있는 메시지로 MZ 세대의 많은 지지를 받고 있으며, 음악뿐만 아니라 패션과 사회적 이슈에서도 영향력을 발휘하고 있다.

독특한 스타일과 진정성 있는 메시지, 그리고 사회적 이슈에 대한 관심과 참여는 젊은 세대에게 큰 호응을 불러왔다.

각인의 심리학: 뇌가 기억을 저장하는 방식
왜 우리는 스티브 잡스의 검은 터틀넥을 기억하는가?

———

스티브 잡스의 검은 터틀넥은 이제 전설이 되었다. 왜 수많은 CEO 중에서 유독 그의 옷차림만 기억에 남을까? 답은 선택적 주의와 인지적 경제성에 있다.

인간의 뇌는 하루에 평균 3만 5,000번의 결정을 내린다. 이 과정에서 뇌는 에너지를 절약하기 위해 패턴과 특징적인 요소에 집중한다. 잡스의 검은 터틀넥은 일관성과 독특함을 동시에 가진 강력한 시각적 기호였다. 그것은 복잡한 기술을 명료하게 만드는 그의 철학과 완벽하게 일치했다.

하버드 비즈니스 스쿨의 연구에 따르면, 일관된 시각적 정체성을 가진 리더들이 그렇지 않은 리더들보다 평균 34% 더 기억에 오래 남는다고 한다. 이것이 바로 '각인되는 포인트'의 힘이다.

현대 비즈니스에서 각인 포인트가 결정하는 것들

———

디지털 시대에 접어들면서 각인 포인트의 중요성은 더욱 커졌다. 링

크드인 프로필, 줌 화면, 30초짜리 엘리베이터 스피치에서 3초 안에 상대방의 뇌에 인상을 새겨야 한다.

메타의 마크 저커버그는 회색 티셔츠로, 아마존의 제프 베이조스는 캐주얼한 정장 스타일로, 테슬라의 일론 머스크는 의외의 조합으로 각자만의 시그니처를 만들었다. 이들의 공통점은 예측 가능하면서도 기억에 남는 요소를 갖고 있다는 것이다.

개인 브랜드 진단과 전략 수립

각인 포인트를 만들기 전에 먼저 자신의 브랜드 정체성을 명확히 해야 한다. 다음 질문들에 답해보자.

- 당신이 고객과 동료들에게 전달하고 싶은 핵심 메시지는 무엇인가?

  전문성과 신뢰성인가, 혁신과 창의성인가, 안정성과 일관성인가?
- 당신의 업무 환경과 고객 특성은 어떠한가?

  보수적인 환경인가, 창의적인 환경인가, 글로벌한 환경인가?
- 당신의 개인적 성향과 편안함의 영역은 어디인가?

  클래식한 스타일이 편한가, 모던한 스타일이 편한가?

이런 질문들에 대한 답을 바탕으로 일관된 각인 포인트 전략을 수립할 수 있다.

외모로 승부하는 비즈니스의 새로운 법칙
각인 포인트가 결정하는 것들: 기억되는 사람 vs 잊히는 사람

당신은 지금 투명인간이다

잔혹한 현실을 마주해보자. 지난 한 달간 당신이 만난 수백 명의 사람 중에서 당신을 정확히 기억하는 사람은 몇 명이나 될까? 그들은 당신의 이름을 기억할까? 얼굴은? 어떤 대화를 나눴는지는?

대답하기 두렵다면 정상이다. 왜냐하면 당신도 마찬가지이기 때문이다. 어제 만난 사람의 이름도 가물가물하고, 지난주 네트워킹 행사에서 명함을 주고받은 20명 중 기억나는 사람은 2~3명뿐이다. 나머지는 완전히 사라졌다. 마치 처음부터 존재하지 않았던 것처럼….

이것이 현대 사회의 잔인한 진실이다. 우리는 모두 서로에게 투명인간이 되어가고 있다. 정보의 홍수 속에서, 사람들의 뇌는 생존을 위해 '선택적 기억'이라는 방어막을 친다. 평범한 것들은 자동으로 삭제하고, 특별한 것만 보관한다.

기억의 전쟁에서 살아남는 법

———

기억되지 않으면 존재하지 않는 것과 같다. 아무리 뛰어난 실력을 가져도, 아무리 좋은 아이디어를 제시해도 기억되지 않으면 모든 게 무의미하다. 다음 기회는 없다. 왜냐하면 당신의 존재 자체가 상대방의 뇌에서 지워졌기 때문이다.

하지만 어떤 사람들은 다르다. 한 번 만나면 절대 잊을 수 없는 사람들이 있다. 그들이 특별히 잘생기거나 예쁘거나 키가 크거나 목소리가 좋아서가 아니다. 그들에게는 각인 포인트가 있다. 뇌리에 박히는 무언가가 있다.

뇌과학이 밝혀낸 기억의 비밀

———

인간의 뇌는 패턴을 찾는 기계다. 수백 명의 비슷한 사람들 사이에서 단 하나의 차이점을 발견하는 순간, 그것은 영구 저장된다. 이것이 '대비 효과(Contrast Effect)'다.

실험해보자. 검은 정장 100벌 중에 하나만 진한 남색이라면? 그 한 벌이 기억된다. 모든 사람이 "안녕하세요"라고 인사할 때, 단 한 사람만 "반갑습니다"라고 말한다면? 그 사람이 각인된다. 차이가 클

필요도 없다. 미묘하지만 확실한 구별점이면 충분하다.

하지만 여기에 함정이 있다. 차이를 위한 차이는 재앙이다. 기억은 되지만 '피하고 싶은 사람'으로 기억될 수 있다. 빨간 양복을 입거나, 큰 소리로 떠들거나, 과한 향수를 뿌리는 것은 각인 포인트가 아니라 퇴출 포인트가 된다.

성공한 사람들의 은밀한 전략

성공한 사람들을 자세히 관찰해보면 놀라운 사실을 발견할 수 있다. 그들 모두 계산된 특별함을 가지고 있다는 것이다.

한 벤처 투자가는 30년간 똑같은 빨간 안경테만 쓴다. 시력은 1.5지만 말이다. "사람들이 나를 '빨간 안경의 김 대표'로 기억합니다. 브랜딩 비용 제로로 만든 개인 상표죠." 그의 말이다.

한국의 유명 변호사는 법정에서 항상 만년필로 메모를 한다. 모든 사람이 태블릿을 쓸 때 오직 그만 만년필을 사용한다. "판사님들이 저를 '만년필 변호사'로 부릅니다. 신뢰감과 전통을 동시에 어필하는 효과죠."

이들의 공통점은 무엇일까? 특별함이 그들의 전문성과 완벽하게 일치한다는 것이다. 투자가의 빨간 안경은 '남다른 안목'을, 변호사의 만년필은 '신중함과 전통'을 상징한다. 그냥 튀는 것이 아니라 의미 있는 차별화다.

당신만의 각인 포인트 설계법

———

각인 포인트는 발견하는 것이 아니라 만드는 것이다. 세 가지 조건을 만족해야 한다.

첫째, 당신의 전문성과 연결되어야 한다. 단순한 스타일링이 아니라 당신의 업무 철학을 반영해야 한다. 둘째, 지속 가능해야 한다. 한 번의 이벤트가 아니라 매일 유지할 수 있는 것이어야 한다. 셋째, 긍정적 연상을 불러일으켜야 한다. 기억되되 좋은 의미로 기억되어야 한다.

가장 강력한 각인 포인트는 일관된 불일치다.

기본적으로는 완벽하게 정통적이지만, 딱 한 가지만 다른 것. 완벽한 정장에 유일하게 다른 색상의 신발 끈. 모든 것이 블랙 앤 화이트인데 오직 시계만 골드.

이런 미묘하지만 확실한 차이가 가장 효과적이다.

기억 전쟁의 승자가 되라

———

매일 수백 명이 서로의 기억에서 사라져간다. 이 무자비한 경쟁에서 살아남으려면 의도적으로 기억될 각인 포인트를 만들어야 한다.

당신이 지금 투명인간이라면, 그것은 당신이 평범하기 때문이 아니라 각인 포인트가 없기 때문이다. 하지만 늦지 않았다. 지금부터라도 당신만의 시그니처를 만들어라.

기억되지 않으면 기회도 없다. 하지만 기억되는 순간, 모든 것이 달라진다. 당신은 더 이상 투명인간이 아니다. 선택받는 사람, 기회가 찾아오는 사람, 성공하는 사람이 된다.

개인 브랜드 설계도: 나만의 시그니처를 찾는 전략적 접근

대체할 수 없는 사람이 가진 것

당신은 완벽한 대체재다. 브랜드가 없다면 말이다. 언제든 더 저렴하고, 더 효율적이고, 더 젊은 누군가로 바뀔 수 있는 부품이다. AI가 당신의 업무 중 70%를 처리할 수 있다면, 당신의 존재 이유는 30%뿐이다. 이것이 2025년의 잔인한 현실이다.

브랜드가 없는 전문가는 전문가가 아니다. 그냥 숙련된 노동자일 뿐이다. 그리고 숙련된 노동자는 언제든 더 나은 대안으로 교체된다.

당신이 모르는 사이에 벌어지는 브랜딩 전쟁의 한 장면을 보자.

"김 팀장 있잖아, 그 사람 말이야…."

"어떤 김 팀장요? 우리 회사에 김 팀장이 세 명인데?"

"그… 누구였지? 아, 모르겠다."

이 대화가 당신에 대한 것이라면, 당신은 이미 브랜딩 전쟁에서 패배했다. 반대로 누군가가 "아, 그 PT 달인 김 팀장 말이죠?"라고 즉시 반응한다면? 당신은 브랜드를 가진 사람이다.

사람들은 브랜드를 기억한다. 그러나 사람은 기억하지 않는다. '마케팅하는 사람'은 기억 안 되지만, 'SNS 바이럴 만드는 사람'은 기억된다. '영업하는 사람'보다 '불가능한 고객도 설득하는 사람'이 더 각인된다.

포지셔닝: 1등이 될 수 없다면 작은 분야를 만들어 1등이 되라

전체 마케터 중에서 1등이 되기는 불가능하다. 하지만 '스타트업의 Z세대 타깃 마케팅 1등'이 되는 것은 가능하다. 이것이 포지셔닝의 마법이다.

성공한 사람들의 포지셔닝을 보라. 일론 머스크는 '사업가'가 아니라 '인류의 미래를 바꾸는 사업가'다. 손정의는 '투자자'가 아니라 '300년 비전을 가진 투자자'다. 이들은 일반적인 카테고리에서 벗어나 자신만의 독특한 위치를 창조했다.

당신의 포지셔닝 공식은 이렇다.

"나는 '구체적 대상'을 위한 '특별한 방법'으로 '독특한 결과'를 만드는 '직업'이다."

막연한 '마케팅 전문가' 대신 '수익성 없는 스타트업을 6개월 만에 흑자로 만드는 성장 해결사'라고 정의하라. 그 순간 당신은 대체 불가능한 존재가 된다.

스토리텔링: 당신이 상품이라면 스토리는 포장지다

———

"저는 마케팅을 10년 했습니다." 이런 자기소개를 하는 순간 당신은 수천 명 중 하나가 된다.

"저는 망하기 직전인 회사를 3번 살린 마케터입니다." 이렇게 말하는 순간 당신은 유일한 존재가 된다.

브랜딩을 위한 스토리텔링의 기본 공식을 알아보자.

- **1막(기원):** 왜 이 일을 시작했는가? 개인적인 동기, 특별한 계기가 있어야 한다.
- **2막(여정):** 어떤 시행착오와 성장을 겪었는가? 실패와 극복의 드라마가 있어야 한다.
- **3막(미션):** 앞으로 무엇을 이루려 하는가? 개인을 넘어선 더 큰 가치가 있어야 한다.

중요한 건 과장이 아니라 진정성이다. 거짓으로 포장된 스토리는 언젠가 들통난다. 하지만 평범한 경험도 관점을 바꾸면 특별한 스토리가 될 수 있다.

브랜드 진화: 변화하되 정체성은 지켜라

개인 브랜드는 타투가 아니다. 한 번 새기면 평생 가는 것이 아니라, 지속적으로 진화해야 하는 살아 있는 존재다. 하지만 변화에도 원칙이 있다.

핵심 아이덴티티는 절대 바뀌면 안 된다. 코카콜라가 130년간 빨간색을 고수하는 이유다. 당신도 브랜드의 핵심 요소 2~3가지는 평생 유지해야 한다. 나머지는 시대와 상황에 맞춰 진화시킬 수 있지만, 핵심만큼은 흔들리면 안 된다.

브랜드 확장은 자연스러워야 한다. 갑작스러운 변신은 기존 브랜드 가치를 파괴한다. '보수적 전문가'에서 갑자기 '혁신적 크리에이터'로 바뀐다면 사람들은 혼란을 느낀다. 대신 '보수적 전문가'에서 '신중한 혁신가'로, 다시 '검증된 변화 리더'로 단계적으로 진화하라.

브랜드가 없으면 당신도 없다

10년 후에도 당신이 필요한 이유가 있는가? AI가 더 발달하고, 더 젊고 저렴한 인력이 계속 등장하는 시대에 당신만의 독특한 가치가 있는가?

개인 브랜드는 생존 도구다. 화려한 허영이 아니라, 대체 불가능한 자신을 만들기 위한 전략적 투자다. 브랜드가 있는 사람은 기회가 찾아온다. 브랜드가 없는 사람은 기회를 찾아 헤맨다.

지금 시작하라. 완벽한 브랜드를 만들려고 기다리지 마라. 일단 시작해서 계속 발전시켜 나가라. 1년 후 당신을 기억하는 사람이 10명 늘어난다면, 그것이 성공이다. 10년 후에는 1,000명이 될 것이고, 그때 당신은 대체 불가능한 존재가 되어 있을 것이다.

브랜드 없는 미래는 없다. 선택은 당신의 몫이다.

체형을 무기로 만드는 남성의 스타일 전쟁: 약점을 강점으로 바꾼다

당신의 체형이 곧 당신의 세일즈 무기다
체형별 고객 반응 실험의 충격적 결과

외모로 사람을 판단하면 안 된다고? 그러나 현실은 냉혹하다. 인간의 뇌는 상대방을 보는 순간 0.1초 만에 '호감/비호감'을 결정하고, 3초 만에 '신뢰할 만함/신뢰 못 함'을 판단한다. 이는 수만 년 진화의 결과로, 의식적으로 통제할 수 없는 본능이다.

비즈니스에서 이 본능은 더욱 가혹하게 작용한다. "이 사람이 우리 회삿돈을 맡길 만한 사람일까?", "이 사람의 제안을 믿을 만할까?", "이 사람이 정말 전문가일까?" 이 모든 판단이 그의 체형, 자세, 옷차림에서 시작된다.

하지만 희망이 있다. 체형은 바꿀 수 없지만, 체형이 주는 인상은 바꿀 수 있다. 키 작은 나폴레옹이 유럽을 정복했고, 뚱뚱한 처칠이 영국을 구했다. 그들은 약점을 장점으로 바꾸는 기술을 알고 있었다.

체형 전쟁의 새로운 룰

———

RULE 1: 감추지 말고 활용하라

키 작은 사람이 높은 신발을 신으면 어색해 보인다. 대신 비례를 맞춰 당당해 보이게 만들 수 있다. 배 나온 사람이 타이트한 옷을 입으면 배가 더 도드라진다. 그러나 실루엣을 살려 안정감 있게 보이게 할 수 있다.

RULE 2: 체형은 곧 캐릭터다

각 체형이 가진 긍정적 메시지를 극대화하는 것이 핵심이다.

- **키 큰 사람:** 리더십의 상징
- **키 작은 사람:** 세심함과 친밀감의 상징
- **마른 사람:** 예리함과 효율성의 상징
- **통통한 사람:** 안정감과 신뢰의 상징

RULE 3: 고객 유형별 맞춤 전략

보수적인 금융업계 고객에게는 안정감을 강조하고, 혁신적인 IT 업계 고객에게는 역동성을 부각한다. 같은 체형이라도 상황에 맞는 다른 전략이 필요하다.

승부를 가르는 0.1초의 마법

───────

문을 열고 들어서는 그 순간, 악수를 나누는 그 찰나, 명함을 건네는
그 시간, 이 모든 순간에 당신의 체형이 당신을 대변한다.

Outlook은 전략이다. 자신의 통통한 체형이 '게으른 사람'이 아니
라 '믿음직한 사람'의 메시지를 전달할 수 있어야 한다. 작은 키가 '부
족한 사람'이 아니라 '세심한 사람'의 인상을 줄 수 있도록 이미지 연
출이 필요하다.

전통적으로 남성 체형은 어깨, 허리, 엉덩이가 일직선을 이루는
H형, 어깨가 좁고 허리와 엉덩이가 넓은 O형, 상체가 크고 하체가
상대적으로 가는 T형으로 나뉘었다. 이 체형들은 각각 Hunter,
Opener, Trustee 체형으로 진화했다.

지금 당신의 체형도 무기가 될 수 있다. 문제는 체형이 아니라, 그
것을 어떻게 활용하느냐다.

Hunter형: H형의 진화, 날렵한 사냥꾼 형

───────

- **체형 특징:** 어깨, 허리, 엉덩이가 비슷한 일직선 체형
- **H형 남성의 숨겨진 슈퍼 파워:** 안정감이라는 최고의 브랜딩

H형 체형의 남성들은 종종 자신을 평범하다고 생각한다. 하지만 이 것은 완전한 오해다. H형은 가장 균형 잡힌 체형이며, 비즈니스에서 '안정성'과 '신뢰성'을 상징하는 최적의 무기다. H형 체형은 무의식 적으로 '균형감각', '중용의 미덕', '흔들리지 않는 안정감'을 전달한 다. Hunter형의 전략은 평범함을 신뢰의 무기로 만드는 것이다.

전략 1: 수직 라인으로 권위를 세워라

H형의 핵심 전략은 '세로 분할'이다. 상하가 같은 색상의 정장을 피 하고, 의도적으로 색상 대비를 만든다. 예를 들어 상의는 차콜 그레 이 재킷, 하의는 네이비 슬랙스로 연출하고 얇은 가죽 벨트로 허리선 을 강조하는 포인트를 둔다.

이렇게 하면 시각적으로 상체와 하체가 분리되면서 더 역동적이 고 의도적인 이미지를 만든다. 단조로워 보일 수 있는 H형의 단점을 '의도된 절제'로 승화시키는 것이다.

전략 2: 레이어링으로 깊이를 만들어라

H형 남성에게 가장 강력한 무기는 '지적 레이어링'이다. 화이트 셔츠 를 기본으로 중간에 얇은 니트 베스트(V넥)를 착용하고 외부는 구조 적인 재킷을 입는다. 이 3단 레이어링은 H형 체형에 입체감을 주면 서도 '치밀한 사고를 하는 사람'이라는 무의식적 메시지를 전달한다. 베스트의 V라인이 가슴 부분에 시각적 포인트를 만들어 평면적인 느낌을 제거한다.

전략 3: 액세서리로 개성을 각인시켜라

H형 체형의 가장 큰 무기는 '절제된 특별함'이다. 기본이 완벽하기 때문에 한두 가지 특별한 요소가 극적 효과를 낸다. 클래식한 금속 시계(가죽 스트랩), 미니멀한 타이핀(매트 골드), 절제된 포켓 스퀘어(단색 또는 미세한 패턴) 등이 효과적이다.

심리학적 효과

고객들은 H형 체형의 남성을 보며 '안정적이면서도 세심한 사람'으로 인식한다. 큰 변화나 모험보다는 신중하고 믿을 만한 파트너를 원하는 고객에게 최적화된 체형이다.

Opener형: O형의 진화, 푸근한 상담가 형

———

- **체형 특징:** 어깨가 좁고 허리와 엉덩이가 넓은 체형
- **O형 남성의 숨겨진 슈퍼 파워:** 존재감이라는 타고난 리더십

O형 체형을 단점으로 생각하는 순간 당신은 이미 졌다. 처칠, 루스벨트 등 역사상 가장 위대한 리더 중 상당수가 O형 체형이었다. 이들의 공통점은 자신의 체형을 '권위'와 '포용력'의 상징으로 활용했다는 것이다.

O형 체형은 무의식적으로 '안정감', '포용력', '경험의 깊이'를 전달한다. 문제는 이것을 어떻게 '날렵함'과 '전문성'으로 연결하느냐

다. Opener형은 풍채를 권위로 바꾸는 제왕의 전략에 초점을 맞춘다.

전략 1: V존으로 시선을 위로 끌어올려라

O형 체형의 핵심은 시선의 유도다. 배 부분에 집중된 시선을 목과 얼굴 쪽으로 끌어올리는 것이 최우선 과제다. 재킷은 싱글 브레스트 등 V존이 깊은 스타일(단, 과하지 않게)로, 넥타이는 진한 색상에 약간 넓은 폭으로 수직 라인을 강조한다. 여기서 포인트는 재킷을 항상 잠그고 다니는 것이다. 열어두면 배 부분이 강조되지만, 잠그면 전체적인 실루엣이 하나의 수직선으로 보인다.

전략 2: 어깨 라인으로 비례를 맞춰라

O형 체형의 가장 강력한 무기는 '구조적 재킷'이다. 자연스러운 패드가 들어간 어깨 라인, 엉덩이를 살짝 덮을 정도의 긴 느낌이 들지 않는 재킷 길이, 허리가 살짝 들어간 테일러드 핏이 바람직하다.

이렇게 하면 어깨 – 허리 – 엉덩이의 전체적인 실루엣이 균형을 이루면서 '당당한 체구'가 '위풍당당한 리더의 기품'으로 바뀐다.

전략 3: 색상 심리학을 활용한 권위 구축

O형 체형에 가장 효과적인 색상 조합은 주 색상으로 진한 네이비(신뢰와 안정), 보조 색상으로 차콜 그레이(세련됨과 권위), 포인트 색상으로 버건디(품격과 경험)다.

피해야 할 것으로는 밝은 색상의 상의, 가로 스트라이프, 타이트한 핏이다. 이런 요소는 O형의 장점인 '안정감'을 '불안함'으로 바꿔 버린다.

심리학적 효과

제대로 스타일링된 O형 남성은 '경험 많은 전문가', '신뢰할 수 있는 리더', '든든한 파트너'의 이미지를 준다. 특히 보수적인 업계나 중년 이상의 고객들에게 강력한 신뢰감을 제공한다.

Trustee형: T형의 진화, 든든한 보호자형

- **체형 특징:** 상체가 크고 하체가 상대적으로 가는 체형
- **T형 남성의 숨겨진 슈퍼 파워:** 완벽한 이미지

T형은 타고난 'Big Deal Maker' 체형이다. T형 남성의 스타일링은 상체의 볼륨감이 주는 안정감과 권위를 극대화하는 것이 핵심이다.

그러나 T형 체형에는 숨겨진 딜레마가 있다. 사실 T형은 남성적으로 완벽한 체형이라 뭘 입어도 멋있게 보인다. 하지만 이것이 바로 함정이다. T형 체형이 주는 '완벽함'은 때로 '접근하기 어려운 사람', '거만한 사람'이라는 잘못된 인상을 줄 수 있다.

실제로 비즈니스 상황에서 T형 체형의 남성들이 가장 조심해야 할 점은 '완벽주의자처럼 보이는 것'이다. 고객들은 자신과 너무 다른 사람보다는 어딘가 친근하고 접근 가능한 사람을 선호한다. 따라

서 완벽함의 함정에서 벗어나는 전략이 요구된다.

전략 1: 의도적 불완전함으로 친근감을 만들어라

T형 체형의 핵심 전략은 '계산된 여유로움'이다. 너무 완벽하게 차려입으면 상대가 부담스러워할 수 있다. 재킷은 약간 여유 있는 핏(타이트함 금지)으로 하고, 셔츠는 첫 번째 단추는 풀고 부드러운 넥 라인을 연출한다. 이를 통해 '나는 완벽하지만, 완벽주의자가 아니다. 편안하게 접근해도 된다'라는 핵심 메시지를 전달한다.

전략 2: 하체 볼륨으로 전체 균형을 맞춰라

T형 체형의 가장 큰 과제는 상체와 하체의 균형이다. 너무 상체만 강조되면 부자연스러워 보인다. 바지는 스트레이트 또는 약간의 테이퍼드 핏을 선택하고 색상은 상의보다 조금 밝은 색이 좋다. 신발은 약간 볼륨감 있는 옥스퍼드 스타일이 적합하다. 이렇게 하면 시각적으로 하체에도 적당한 무게감을 주어 전체적인 조화를 만든다.

전략 3: 텍스처로 인간미를 더하라

T형 체형 남성에게 가장 필요한 것은 '인간적 온기'다. 너무 매끄럽고 완벽한 소재보다는 약간의 텍스처가 있는 소재를 활용하라. 재킷은 울 트위드, 린넨 블렌드 등 자연스러운 텍스처가 적합하고 셔츠는 옥스퍼드 코튼, 샴브레이 등 캐주얼한 느낌의 소재가 좋다. 넥타이는 니트 타이, 실크 니트 등 부드러운 질감이 괜찮다.

심리학적 효과

적절히 조절된 T형 체형은 '능력 있지만 겸손한', '완벽하지만 접근 가능한', '리더십 있지만 포용적인' 인상을 준다. 특히 젊은 고객이나 창의적인 업종에서 강력한 매력을 발휘한다.

체형별 공통 성공 법칙

① 자신의 체형을 수용하라. 체형을 바꾸려 하지 말고 최대한 활용하라. 체형마다 고유한 장점이 있다.

② 상황에 맞게 조절하라. 같은 체형이라도 만나는 고객과 상황에 따라 강조점을 달리해야 한다.

③ 일관성을 유지하라. 한 번 정한 스타일 방향성은 꾸준히 발전시켜 나가라. 갑작스러운 변화는 혼란을 준다. 당신의 체형은 약점이 아니라 무기다. 제대로 활용하면 그 어떤 명품 정장보다도 강력한 경쟁력이 될 수 있다.

여성을 위한 과학적 체형 진단과 비즈니스 전략

과학적 체형 분류

___

왜 기존 체형 분류는 신뢰할 수 없나?

기존 패션업계의 체형 분류는 주관적 판단에 의존했다. "상체가 크다", "하체가 넓다" 등과 같은 모호한 표현으로는 정확한 진단이 불가능했다.

하지만 의학과 인체공학 분야에서 사용하는 객관적 측정법을 활용하면 누구나 정확하고 일관된 체형 진단이 가능하다. 여기서는 'UCLA 체형연구소 표준 측정법'을 적용해보자.

필수 측정 부위 4곳

S **어깨 폭(Shoulder width)**

양어깨 최고점–최고점의 직선거리

B **가슴둘레(Bust)**

가슴에서 가장 돌출된 부위의 둘레

W **허리둘레(Waist)**

갈비뼈와 골반 사이 가장 잘록한 부위의 둘레

H **엉덩이둘레(Hip)**

엉덩이에서 가장 돌출된 부위의 둘레

※ 측정 팁: 속옷만 착용, 줄자는 바닥과 평행, 너무 조이거나 느슨하지 않게 / 단위: cm

정확한 측정 방법 + 수학적 공식

———

정확한 측정 방법

- 속옷만 착용, 자연스럽게 선 자세에서 숨을 편안히 내쉰 상태

- 줄자는 바닥과 평행하게 유지

- 줄자를 너무 조이거나 느슨하게 하지 않기

- 가능하면 보조자 도움 또는 전신거울로 수평 확인

기호 정의·단위

S: 어깨 폭(cm)	B: 가슴둘레(cm)
W: 허리둘레(cm)	H: 엉덩이둘레(cm)

수학적 공식(지표)

SHR

어깨-엉덩이 비율

$$S \div H$$

단위: cm

WHR

허리-엉덩이 비율

$$W \div H$$

단위: cm

BWD

가슴-허리 차이

$$B - W$$

단위: cm

HWD

엉덩이-허리 차이

$$H - W$$

단위: cm

※ 이 지표들을 사용해 5가지 체형을 객관적·일관된 기준으로 분류한다.

5가지 타입의 체형

TYPE 1 역삼각형(Inverted Triangle)

📏 수치 기준

SHR	WHR	BWD
≥ 1.05	**≥ 0.80**	**≥ 10cm**
어깨÷엉덩이	허리÷엉덩이	가슴-허리

🔖 특징 요약

- 어깨선이 넓고, 옷을 입었을 때 상체가 먼저 눈에 들어온다.

- 상의를 입으면 소매가 자주 들뜨거나, 자켓이 허리선에서 뜨는 느낌.

- 허리선이 명확하지 않고 상체가 직선형으로 떨어진다.

- 강한 존재감은 있으나, 과하면 부담스러워질 수 있음.

♟ 비즈니스 강점

(리더십)　　(결정권자 이미지)

TYPE 2 삼각형(Triangle/Pear)

📏 수치 기준

SHR	**WHR**	**BWD**
≤ 0.95	≤ 0.75	≥ 15cm
어깨÷엉덩이	허리÷엉덩이	가슴-허리

🔖 특징 요약

- 상체보다 하체가 넓어, 바지나 스커트가 항상 타이트하게 맞는다.

- 허리선이 또렷하고 엉덩이선이 강조된다.

- 상체 옷은 맞는데 하의 사이즈는 한 단계 크다.

- 자켓을 입으면 어깨가 작아 보이고, 허리 아래로 체중이 모인다.

♟ 비즈니스 강점

안정감	신뢰성	포근한 인상

TYPE 3 **모래시계(Hourglass)**

🧵 수치 기준

> **WHR**
>
> **≤ 0.75**
>
> 허리÷엉덩이

> **SHR**
>
> **0.95 ≤ SHR ≤ 1.05**
>
> 어깨÷엉덩이

> **BWD**
>
> **≥ 10cm AND HWD ≥ 15cm**
>
> 가슴-허리

📑 특징 요약

- 어깨와 엉덩이 폭이 거의 같고, 허리가 자연스럽게 잘록하다.

- 허리띠를 매면 실루엣이 가장 아름답게 나온다.

- 몸 전체가 부드러운 S라인을 그린다.

- 상·하체 균형이 뛰어나서 옷이 전체적으로 잘 맞는다.

♟ 비즈니스 강점

(감성적)   (매력적)

수치 기준

SHR

0.98 ≤ SHR ≤ 1.02

어깨÷엉덩이

WHR

0.80 ≤ WHR ≤ 0.85

허리÷엉덩이

BWD

BWD ≤ 8cm AND HWD ≤ 10cm

가슴-허리

특징 요약

- 어깨, 허리, 엉덩이 폭이 거의 비슷하다.

- 전체적으로 '통' 또는 '일자' 느낌.

- 허리띠를 매도 라인이 크게 변하지 않는다.

- 옷이 전체적으로 단정하고 딱 떨어져 보인다.

비즈니스 강점

전문성

체계성

깔끔함

TYPE 5 ## 원형(Apple/Oval)

🎗 수치 기준

SHR	WHR	BWD
0.95 ≤ SHR ≤ 1.05	**≥ 0.85**	**≥ 15cm**
어깨÷엉덩이	허리÷엉덩이	가슴-허리

📕 특징 요약

- 허리 굴곡이 거의 없고, 상체 중심에 시선이 간다.

- 상의가 자주 들리거나, 허리 아래에 주름이 생긴다.

- 팔, 가슴, 복부가 동시에 부드럽게 연결되어 보인다.

- 체중이 허리와 복부 쪽에 모여 있는 듯한 인상.

♟ 비즈니스 강점

친근성	접근성	포용력

5가지 체형 비교 요약

각 체형의 핵심 지표와 비즈니스 강점을 한눈에 정리

체형	핵심 지표	비즈니스 강점
역삼각형	SHR≥1.05 / WHR≥0.80 / BWD≥10cm	리더십, 결정권자 이미지
삼각형	SHR≤0.95 / WHR≤0.75 / HWD≥15cm	안정감, 신뢰성, 꼼꼼함
모래시계	0.95≤SHR≤1.05 / WHR≤0.75 / BWD≥10cm / HWD≥15cm	영향력, 설득력, 카리스마
직사각형	0.98≤SHR≤1.02 / WHR 0.80~0.85 / BWD≤8cm / HWD≤10cm	전문성, 체계성, 효율성
원형	0.95≤SHR≤1.05 / WHR≥0.85 / BWD≥15cm	친근성, 접근성, 포용력

지표 요약: SHR=S÷H, WHR=W÷H, BWD=B-W, HWD=H-W

- 경계 사례: 일부 지표가 경계값일 경우 추가 측정 평균을 사용하거나 체형 가까운 쪽으로 판정한다.

- 중복 사례: 동일한 체형의 경우 핵심 지표의 수가 많은 쪽으로 판정한다.

여성을 위한 체형별 비즈니스 파워 전략

여성 비즈니스 스타일링에는 잔혹한 진실이 한 가지 있다. 여성들은 이른바 이중 잣대와 싸우고 있다는 것이다. 너무 여성스러우면 가볍게 보이고 너무 중성적이면 딱딱하게 보인다.

2024년《하버드 비즈니스 리뷰》에는 충격적인 연구 결과가 게재되었다. 똑같은 발표를 한 남성과 여성에 대한 평가에서, 남성은 "자신감 있다"라고 평가를 받았지만, 여성은 "공격적이다"라고 평가받았다. 같은 정장을 입고도 남성은 "전문적이다"라는 평가를, 여성은 "남성적이다"라는 평가를 받았다. 이것이 여성이 직면한 이중 잣대의 현실이다. 너무 여성스러우면 '전문성이 부족하다', 너무 강하면 '접근하기 어렵다'는 편견이 존재한다. 하지만 이 딜레마를 뒤집어 생각해보자. 바로 이 복잡함 때문에 여성의 스타일링이 더 강력한 무기가 될 수 있다.

V형(역삼각형): 타고난 리더십을 부드럽게 포장하는 기술

V형 여성의 숨겨진 파워

"당신의 어깨는 권력의 상징이다. 하지만 그것만으로는 위험하다." V형 체형 여성은 '리더', '결정권자', '신뢰할 만한 전문가'의 이미지를 전달한다. 문제는 이것이 때로 '차갑다', '접근하기 어렵다'는 부정적 인식으로 이어질 수 있다는 것이다.

전략 1: 파워 셔츠 + 소프트 디테일

V형의 핵심 무기는 '강함 속의 부드러움'이다.

- **상의:** 구조적인 블레이저에 실크 블라우스
- **디테일:** 블라우스의 보우 타이나 러플 디테일로 여성성 표현
- **색상:** 파워풀한 네이비 재킷에 크림 색상 블라우스

전략 2: 하체 볼륨으로 균형 잡기

V형의 가장 큰 과제는 하체에 시각적 무게를 주는 것이다.

- **A라인 스커트:** 허리에서 살짝 퍼지는 무릎길이
- **와이드 팬츠:** 하이웨스트로 다리를 길어 보이게
- **색상 전략:** 상체는 어둡게, 하체는 밝게 또는 패턴으로

상황별 응용

- **협상, 미팅:** 파워를 100% 활용(구조적 재킷 + 강한 색상)
- **팀 미팅:** 70% 다운(카디건 + 부드러운 소재)
- **클라이언트 미팅:** 친근함 추가(패턴 스카프 + 미소)

주의할 점

레이스, 너무 낡은 소재, 몸에 타이트한 핏, 광택 소재는 주의한다.

A형(삼각형): 친화력을 전문성으로 승화시키는 전략

─────

A형 여성의 딜레마와 기회

당신은 '함께 일하고 싶은 사람' 1순위다. 이제 '능력 있는 사람'도 보여줘라. A형 체형 여성은 자연스럽게 '친근함', '접근성', '팀워크'의 이미지를 준다. 하지만 이것이 '리더십 부족', '결정력 부족'으로 오인될 위험이 있다.

전략 1: 상체 구조화로 권위 세우기

A형의 핵심은 시각적 무게중심을 위로 올리는 것이다.

- **구조적 블레이저:** 패드가 들어간 어깨 라인으로 균형 조절
- **스테이트먼트 넥클리스:** 목과 데콜테 라인에 시각적 포인트
- **밝은 상의 + 어두운 하의:** 시선을 자연스럽게 상체로 유도

전략 2: 세로 라인으로 슬림함 연출

- **롱 카디건:** 수직 라인을 강조하는 무릎길이 카디건
- **V넥 디자인:** 목선을 길어 보이게 하는 V넥 라인
- **하이힐:** 2~3인치 굽으로 전체 비례 향상

상황별 응용

A형은 '신뢰받는 조언자', '든든한 파트너'의 이미지가 강하다. 이를 활용해 고객 관계 관리(CRM), 팀 빌딩, 장기 프로젝트에서 주도권을

잡아라.

- **프레젠테이션:** 밝은 블레이저 + 스테이트먼트 액세서리
- **네트워킹:** 패턴 스카프 + 따뜻한 컬러 팔레트
- **협상:** 구조적 재킷 + 강한 립스틱으로 권위 강화

주의할 점

러프한 거친 스타일링, 빳빳하거나 하드한 소재를 피한다.

X형(모래시계): 완벽한 비례의 함정에서 벗어나기

————

X형 여성의 복잡한 게임

X형 체형은 가장 이상적인 비례로 여겨지지만, 비즈니스에서는 오히려 함정이 될 수 있다. 너무 완벽한 비례가 '성적 매력'에만 집중되어 전문성이 가려질 수 있기 때문이다.

전략 1: 전략적 레이어링으로 프로페셔널함 강화

X형의 핵심은 자연스러운 곡선을 살리되 비즈니스 컨텍스트로 승화시키는 것이다.

- **구조적 블레이저:** 허리선을 살린 테일러드 재킷
- **미디 길이 스커트:** 무릎 아래 2~3인치의 품격 있는 길이

- **클래식 색상:** 네이비, 차콜, 크림의 안전한 조합

전략 2: 액세서리로 지적 이미지 강화

- **구조적 백:** 하드케이스 토트백이나 서류 가방 스타일
- **클래식 시계:** 가죽 스트랩의 절제된 디자인
- **미니멀 주얼리:** 과하지 않은 펄 이어링이나 심플한 목걸이

전략 3: 소재와 핏의 절제

- **고급 울 소재:** 드레이프가 자연스러운 품질 좋은 원단
- **적당한 여유:** 몸에 딱 맞는 것보다 살짝 여유 있는 핏
- **매트 마감:** 광택이나 시스루 소재 피하기

상황별 응용

- **이사회 참석:** 90% 파워(다크 컬러 + 구조적 실루엣)
- **클라이언트 미팅:** 70% 파워(소프트 블레이저 + 친근한 컬러)
- **팀 워크숍:** 50% 파워(니트 + 캐주얼 팬츠)

H형(직사각형): 효율성을 우아함으로 바꾸는 마법

H형 여성의 숨겨진 파워

"당신은 '일 잘하는 사람'의 대명사다. 이제 그것을 스타일로 보여줄
차례다." H형 체형 여성은 '효율성', '논리적 사고', '체계성'의 이미지

를 자연스럽게 전달한다. 하지만 때로 '딱딱하다', '여성성이 부족하다'는 오해를 받을 수 있다.

전략 1: 허리선 창조로 여성성 부각

H형의 핵심은 없는 허리선을 만들어내는 것이다.

- **벨트:** 눈에 띄는 벨트로 허리선 강조
- **페플럼 재킷:** 허리에서 살짝 퍼지는 디자인으로 곡선 연출
- **A라인 드레스:** 허리에서 자연스럽게 퍼지는 실루엣

전략 2: 레이어링으로 입체감 창조

- **베스트 + 블라우스:** 조끼로 허리선 정의
- **롱 카디건 + 벨트:** 긴 카디건을 벨트로 묶어 실루엣 연출
- **스카프:** 목 주변에 볼륨감과 여성성 추가

전략 3: 패턴과 색상으로 시각적 흥미 증가

- **세로 스트라이프:** 키를 더 커 보이게 하는 효과
- **컬러 블로킹:** 상하 다른 색상으로 비례감 조절
- **텍스처 믹스:** 매끄러운 소재와 거친 소재의 조화

상황별 활용

H형은 분석, 기획, 프로젝트 관리에서 타고난 신뢰감을 준다.
이를 패션으로 강화하라.

O형(원형): 친화력에 권위를 무장시키는 전략

———

O형 여성의 가장 강력한 무기

"모든 사람이 당신을 좋아한다. 이제 당신을 존경하게 만들어라."

O형 체형 여성은 '따뜻함', '포용력', '신뢰성'을 자연스럽게 전달한다. 하지만 비즈니스에서는 '권위', '전문성', '리더십'도 함께 보여줘야 한다.

전략 1: 구조적 재킷으로 실루엣 정리

O형의 핵심은 부드러운 곡선을 구조적으로 정리하는 것이다.

- **테일러드 재킷:** 허리선이 살아 있는 구조적 디자인
- **롱 블레이저:** 엉덩이를 덮는 길이로 세로 라인 강조
- **허리 위치:** 내리거나 높이지 않고 위치를 맞춘다.
- **기장:** 짧거나 길지 않게, 타이트하거나 박시하지 않게, 어깨 맞는 정핏 의상 착장

전략 2: V넥 라인으로 목선 강조

- **V넥 블라우스:** 목과 얼굴을 돋보이게 하는 효과
- **스쿠프넥:** 부드러운 곡선으로 우아함 연출
- **보트넥:** 어깨선을 넓어 보이게 해 균형 조절

전략 3: 단색과 세로 라인 활용

- **직선적인 라인:** 테일러드 자켓, H라인 스커트, 일자 팬츠

- **모노톤 코디:** 같은 색상 계열로 세로 연결감 강화
- **세로 패턴:** 핀 스트라이프나 세로 라인 강조

파워 액세서리 전략

- **스트럭처 백:** 하드한 소재의 정형화된 핸드백
- **스테이트먼트 시계:** 존재감 있는 메탈 시계
- **권위적 색상:** 버건디, 딥 네이비, 포레스트 그린
- **소재감:** 적당히 탄력 있는 소재, 질감 있는 소재, 고급 원단(캐시미어, 실크, 울) 사용한 무게감 있는 셔츠

주의할 점

얇고 비치는 소재, 하늘하늘한 원피스, 굵은 실의 늘어지는 니트 등을 피한다.

프로 스타일리스트의
비밀 노하우

스타일리스트의 옷장 철학: 적게 가져도 임팩트 있게 보이는 법

"100벌의 옷을 가진 아마추어 vs 20벌의 옷을 가진 프로." 당신의 선택은 무엇인가?

할리우드 A급 스타들의 스타일리스트로 20년간 활동한 레이첼 조(Rachel Zoe)의 개인 옷장에는 단 37벌의 옷만 걸려 있다. 반면 그녀가 스타일링하는 배우들의 옷장에는 수백 벌의 의상이 넘쳐난다.

이 역설적 상황이 바로 프로와 아마추어의 차이를 보여준다. 진짜 전문가는 '많이 가지는 것'이 아니라 '어떻게 활용하느냐'에 집중한다. 그들이 추구하는 것은 소유가 아니라 임팩트의 극대화다.

스타일리스트만 아는 '7:3:1 황금 공식'

———

업계 최고의 스타일리스트들이 공통적으로 사용하는 비밀스러운 공식이 있다. 바로 '7:3:1 공식'이다.

70%: 기본 베이스 아이템들

정장 2벌, 캐주얼 재킷 1벌, 셔츠 3벌, 바지 3벌. 이것이 전체 옷장의 70%를 구성한다. 하지만 여기서 핵심은 모든 아이템이 서로 완벽하게 매치된다는 것이다. 무작정 좋은 옷이 아니라, 서로 조합이 가능한 옷들만 선별한다.

30%: 상황별 특화 아이템들

파티용 드레스 1벌, 캐주얼 데님 1벌, 계절별 특화 아이템 2~3개. 이들은 특별한 상황에서만 사용되지만, 그 상황에서는 절대적 임팩트를 만든다.

1%: 시그니처 아이템 1개

단 하나뿐인 특별한 아이템. 빈티지 시계, 독특한 스카프, 특별한 신발 등. 이 1%가 당신을 기억되는 사람으로 만든다.

프로들의 '투자 피라미드' 전략

———

스타일리스트들은 옷에 돈을 쓸 때 피라미드 구조를 따른다.

상위 30% 예산: 아우터웨어

재킷, 코트, 블레이저에 가장 많은 투자를 한다. 이유는 간단하다. 첫 인상에서 가장 큰 부분을 차지하고, 가장 오래 사용할 수 있기 때문이다. 100만 원 재킷을 5년간 200번 입으면 한 번에 2,500원. 이런 계산으로 접근한다.

중위 50% 예산: 베이직 아이템들

셔츠, 바지, 스커트 등 자주 사용하는 아이템들이다. 품질은 좋되 디자인은 심플한 것을 선택한다. '10년 후에도 촌스럽지 않을 디자인'을 선택 기준으로 삼는다.

하위 20% 예산: 트렌드 아이템들

액세서리, 소품, 트렌디한 컬러나 패턴의 아이템들은 자주 바뀌는 것들이니 과감하게 저예산으로 처리한다.

'원 피스, 쓰리 룩' 마법의 공식

———

진짜 프로들은 한 벌의 옷으로 최소 3가지 다른 룩을 만들어낸다.

같은 네이비 재킷으로 다음과 같이 3가지 연출이 가능하다.

- **비즈니스 룩:** 화이트 셔츠 + 그레이 슬랙스 + 가죽 신발
- **캐주얼 룩:** 니트 + 데님 + 스니커즈
- **파티 룩:** 실크 블라우스 + 스커트 + 하이힐

이것이 가능한 이유는 '중성적 베이스 + 상황별 액세서리' 전략 때문이다. 옷 자체는 중성적으로, 액세서리로 분위기를 완전히 바꾸는 것이다.

스타일리스트의 '색상 DNA' 시스템

프로들은 절대 무작정 옷을 사지 않는다. 개인만의 '색상 DNA'를 먼저 정하고, 충분한 컬러 분석을 통해 그 범위 안에서만 구매한다.

- **기본 컬러 2개:** '네이비 + 그레이' 또는 '블랙 + 베이지'
- **포인트 컬러 1개:** 버건디, 카키, 딥그린 중 하나
- **뉴트럴 컬러 1개:** 화이트 또는 크림

총 4가지 색상으로만 옷장을 구성한다. 이렇게 하면 어떤 조합을 해도 이상하지 않다. 아침에 옷을 고르는 시간이 90% 단축되고, 실패 확률은 제로가 된다.

'2시즌 앞서가는' 쇼핑 전략

일반인들은 지금 입을 옷을 산다. 그러나 프로들은 2시즌 후에 입을 옷을 산다. 봄에는 가을 의상을, 여름에는 겨울 의상을 구매한다. 이유는 무엇일까?

50~70% 할인된 가격으로 구매할 수 있으며, 충분한 시간을 두고 신중하게 선택할 수 있기 때문이다. 그리고 트렌드에 휘둘리지 않는 시간적 여유도 생긴다. 특히 코트, 재킷 같은 고가 아이템은 반드시 이 전략을 사용한다.

'옷장 감사(監査)' 시스템

프로들은 6개월마다 옷장을 완전히 리셋한다. 단순히 정리하는 것이 아니라 과학적 분석을 한다. 그 원칙은 다음과 같다.

- 각 옷을 몇 번 입었나? (3회 미만이면 퇴출 후보)
- 어떤 조합으로 가장 많이 입었나? (성공 패턴 파악)
- 어떤 상황에서 선택하지 않았나? (실패 요인 분석)

이 데이터를 바탕으로 다음 시즌 쇼핑 계획을 세운다. 감정이 아닌 데이터로 결정하는 것이다.

'멀티 포지션' 아이템만 남기기

스타일리스트의 옷장에는 한 가지 용도로만 쓰이는 옷이 없다.

예를 들어, 화이트 셔츠는 정장 재킷 안에 입으면 비즈니스 웨어, 데님과 매치하면 캐주얼 웨어, 어깨에 걸치면 액세서리, 허리에 묶으면 스타일링 포인트가 된다.

이처럼 '3-Way 이상 활용 가능한 아이템'만이 프로들의 옷장에 자리 잡을 자격을 얻는다.

'시크릿 웨폰' 아이템의 힘

모든 프로 스타일리스트는 자신만의 '시크릿 웨폰'을 가지고 있다. 10분 만에 룩을 완성시켜 주는 올인원 점프 슈트, 어떤 옷과도 매치되는 만능 재킷, 분위기를 180도 바꿔주는 스테이트먼트 액세서리 등이 그것이다.

이런 아이템들이 있으면 위기 상황에서도 완벽한 스타일링이 가능하다. '오늘 뭘 입지?'라는 고민 대신 '오늘은 시크릿 웨폰을 쓸까?'라는 선택만 하면 된다.

소유하지 말고 활용하라

———

100벌의 옷을 가지고도 매일 '입을 옷이 없다'고 고민하는 사람이 있는 반면, 20벌의 옷으로 매일 다른 스타일을 연출하는 사람이 있다. 그 차이는 옷의 개수가 아니라 시스템의 완성도에 있다.

당신의 옷장이 보관소가 아니라 전략적 무기고가 되는 순간, 당신은 진정한 스타일리스트가 된다. 적게 가져도 임팩트 있게 보이는 비밀, 바로 이것이다.

당신이 말하기도 전에 승부는 이미 끝났다.

포켓 스퀘어 하나의 절제된 완성도.

시계가 말하는 무언의 성공 철학.

안경 프레임에 담긴 지적 신뢰감.

체형의 약점을 장점으로 바꾸는 전략적 스타일링.

10년 전만 해도 "실력으로 승부하면 된다"고 말할 수 있었다.

지금은 어떤가? 실력이 비슷한 사람이 너무 많다.

AI가 기술적 차이를 좁혔다.

정보가 평등해졌다.

경험의 격차도 줄어들었다.

그렇다면 무엇이 차이를 만드는가?

'이 사람과 일하고 싶다'는 직감.

'이 사람이라면 믿을 만하다'는 느낌.

'이 사람은 뭔가 다르다'는 인상.

그 모든 것이 당신의 외적 이미지에서 시작된다.

한 번 보면 절대 잊을 수 없는 시그니처.

거울 속의 당신을 보라.

지금 그 모습으로 꿈꾸던 자리에 앉을 수 있는가?

원하던 고객 앞에 서서 자신 있게 악수를 청할 수 있는가?

경쟁자들과 나란히 서서 "나를 선택하세요"라고 말할 수 있는가?

만약 주저한다면, 답은 명확하다.

당신에게 필요한 건 더 많은 기술이 아니라 더 강한 이미지다.

Relationship

관계 구축

3
장

관계 형성은 장기적인 성공을 위해 필수적이다. 고객과의 신뢰를 기반으로 한 관계 구축은 비즈니스맨의 핵심 자산이다. CORE 전략에서 'Relationship'은 고객과의 첫 만남부터 장기적인 관계 유지까지, 신뢰를 바탕으로 한 관계 형성의 중요성과 이를 효과적으로 관리하는 방법을 제시한다.

상대를 편안하게 만드는
안정감의 기술

하버드 비즈니스 스쿨의 연구에 따르면, 첫 미팅 장소의 '심리적 안정도'와 계약 성사율 사이에는 놀라운 상관관계가 있다. 고객이 심리적으로 편안함을 느낀 미팅에서의 계약 성사율이 그렇지 않은 경우보다 73% 높았다는 것이다.

장소가 만드는 심리적 마법: 5 - 3 - 1 공식

- **5미터 법칙:** 입구에서 좌석까지 5미터 이상 떨어진 자리를 선택하라. 사람들이 지나다니는 동선에서 멀수록 무의식적 긴장감이 줄어든다.

- **3면 법칙:** 최소 3면이 벽이나 구조물로 보호받는 자리를 찾아라. 등 뒤가 뚫려 있으면 원시적 불안감이 작동한다. 이는 수만 년 진화의 결과로, 의식적으로 통제할

수 없다.

- **1시간 법칙:** 그 자리에서 최소 1시간은 편안히 앉아 있을 수 있는 환경인지 확인하라. 의자가 불편하거나, 시끄럽거나, 온도가 부적절하면 무의식적 스트레스가 누적된다.

시선 방향의 전략적 활용

———

일반적인 조언과 정반대의 전략이 더 효과적일 때가 있다.

- **정보 공유 단계:** 고객이 창밖을 볼 수 있도록 자리를 배정하면 시각적 자극이 창의적 사고를 도와 더 많은 정보를 공유한다.
- **의사결정 단계:** 고객의 시선이 벽을 향하도록 하면 외부 자극이 차단되어 집중력이 극대화된다. 이때 계약서 작성이나 중요한 결정을 요청하라.
- **신뢰 구축 단계:** 서로 얼굴을 정면으로 마주 보되 테이블 모서리를 사이에 두고 정면이 아닌 'ㄱ'자 90도 배치가 신뢰를 형성한다. 정면 마주 보기는 대립감을, 나란히 앉기는 거리감을 만든다.

권력의 심리학을 해체하는
자리 배치

고객과 한자리에 앉아 대화할 때는 정면에서 서로 마주 보는 구도보다 90도로 앉는 자리 배치가 바람직하다. 이 배치가 덜 위압적이고 친근한 느낌을 줄 수 있으며 상대의 마음을 여는 데 효과적이다.

정면으로 마주 앉는 순간, 무의식적으로 대결 구도가 형성된다. 이는 수천 년간 적과 마주했던 인류의 본능에 기인한다. 체스에서 왕과 왕이 정면으로 대치하는 구도가 전쟁의 은유인 것처럼, 비즈니스 테이블에서 정면 대결 구도를 만드는 순간 상대방은 무의식적으로 경계심을 갖게 된다.

뇌과학이 증명하는 각도의 힘

정면 응시는 뇌의 편도체를 자극해 코르티솔이라는 스트레스 호르몬을 분비시킨다. 반면 90도 각도는 주변 시야를 활용해 옥시토신이라는 신뢰 호르몬의 분비를 촉진한다. 이것은 단지 심리적 편안함이 아니라 생화학적 변화에 근거한 현상이다.

90도로 앉으면 두 사람 사이에 가상의 제3자 공간이 생겨난다. 이 공간에 문제, 해결책, 미래 비전을 투사할 수 있게 된다. 결과적으로 '우리가 함께 바라보는 목표'라는 심리적 프레임이 만들어진다. 이제 문제는 '당신 대 나'가 아니라 '우리 대 문제'의 구조로 변화한다.

에드워드 홀(Edward T. Hall)의 프로세미스(Proxemics) 이론은 사람들이 공간을 어떻게 인식하고 사용하는지를 연구한 이론이다. 홀은 네 가지 공간 거리를 제시하여, 각 거리에 따라 인간의 감정, 행동, 의사소통 방식이 달라진다고 설명했다. 이 이론에 따르면, 사람들은 서로 다른 사회적 상황에 따라 서로 다른 거리를 유지하는데, 이는 관계의 질과 대화의 효과성에 영향을 미친다고 한다. 홀의 연구에서 90도 각도는 적절한 사회적 거리와 편안함을 제공하는 것으로 나타났다.

90도 각도로 앉으면 정면으로 마주 볼 때 발생할 수 있는 시각적 부담을 줄여준다. 이러한 부담감은 때때로 상대를 방어적으로 만들 수 있다. 90도 각도는 이러한 부담을 줄이고, 더 자연스럽게 대화를 이어갈 수 있게 한다.

그리고 90도 각도로 앉으면 고객이 더 개방적인 자세를 취하도록 유도할 수 있다. 이는 심리적으로도 대화의 개방성을 높이며, 상대방의 감정을 더 쉽게 읽을 수 있게 한다.

90도 각도로 앉아 대화하기 위해서는 몇 가지 실용적인 준비가 필요하다. 먼저 적합한 테이블 배치를 한다. 상담 테이블을 둥근 형태 또는 사선으로 배치하여 자연스럽게 90도 각도를 형성하도록 한다.

그리고 고객이 먼저 자리에 앉도록 유도하고, 상담자가 고객과 삼각 구도를 이루는 사선에 위치하는 자리에 나중에 앉는다. 이는 고객에게 선택의 자유를 주며, 상담자의 접근 방식을 조절할 수 있게 한다.

가르마 방향의 자신감

의식하든 그렇지 않든, 사람들은 자기 얼굴의 오른쪽과 왼쪽 중 어느한쪽을 더 매력적이라고 여기고 다른 사람에게 보여줄 때 자신감을 느끼는 경향이 있다. 가르마를 탈 때도 더 자신 있는 쪽을 향하게 해서 그 부분을 드러내곤 한다.

대체로 가르마 방향이 자신감을 주는 방향이다. 그래서 사람들은 무의식적으로 그 방향에서 상대방과 대면하는 것을 선호하게 된다.

만약 상대의 가르마가 있는 쪽에 앉는다면, 상대방은 자연스럽게 자신 있는 얼굴 쪽을 보여주게 되며, 그로 인해 편안함을 느낀다. 이는 그들이 더 안정감을 가지고 자신감을 표출할 기회를 제공하며, 대화를 진행할 때도 더 긍정적인 분위기가 조성될 수 있다.

고객과의 만남에서 이러한 경향을 활용하면 좋다. 상대방이 더욱 편안한 상태에서 나와 대화하게 되며, 신뢰를 쌓는 데도 도움이 된다. 고객이 자신감을 느끼고, 편안하게 대화를 이어갈 수 있는 환경을 만들어주는 것은 고객 만족도를 높이는 데 큰 역할을 할 수 있다.

이러한 세부적인 심리를 이해하고 응대에 활용하는 것은 고객과의 소통에서 더 큰 효과를 얻을 수 있도록 돕는 중요한 요소이다.

고객이 편안함을 느낄 때 더 개방적으로 감정과 의견을 표현할 가능성이 커진다. 이러한 상황에서 언어적 신호와 비언어적 신호가 더 쉽게 일치하게 되어, 진정한 의사를 파악할 수 있다. 고객이 편안할 때 비언어적 신호는 더 명확하게 드러난다. 그러므로 상대의 가르마 쪽에 앉아 고객의 행동과 표정을 관찰하면, 그들이 언어적으로 표현하지 않는 감정이나 심리를 더 잘 이해할 수 있다.

*

한 발짝의 거리가 결정하는
관계의 온도

대중 강의를 위해 강당이나 강의실의 연단에 서면 맨 앞의 서너 줄이 비어 있는 것을 볼 때가 많다. 미리 통제해서 자리를 배치하면 그렇지 않지만, 청중의 자유로운 선택에 맡겨두면 앞 서너 줄이 비는 경향이 있다. 처음에는 조금 이상하게 생각했지만, 얼마 지나지 않아 그 이유를 알게 되었다. 청중들은 강사와의 적절한 거리를 원하는 것이다.

사람 사이의 적절한 거리는 자신의 안전과 편안함을 느끼는 데 중요한 역할을 한다. 고객과 이야기할 때도 마찬가지다. 고객들은 상대가 너무 가까이 오는 것도, 너무 멀리 떨어지는 것도 원하지 않는다. 적절한 거리를 두어야 안정감을 느낀다.

사람들은 각자 자신만의 개인 공간을 가지고 있으며, 이 공간에 대한 침해는 불편함과 불안감을 초래할 수 있다. 개인 공간의 범위는 사람마다 다를 수 있지만, 일반적으로 대인관계의 친밀도에 따라 달라진다. 너무 가까이 앉으면 상대방은 불편함을 느낄 수 있어서 오히려 대화의 효과성을 저하시킬 수 있다.

적절한 거리를 유지하면 상대방이 심리적으로 안전하다고 느낀다. 이때 상대방이 더 편안하게 대화를 진행할 수 있게 된다. 그래서 자신의 생각과 감정을 자유롭게 표현하는 데 도움이 된다. 심리적 안정감은 신뢰 구축의 중요한 요소다.

개인 공간이 침해되면 사람들은 본능적으로 방어적인 태도를 취하게 된다. 이는 상대방과의 대화에서 긴장감을 높이고, 신뢰 형성을 방해할 수 있다. 따라서 적절한 거리를 유지하는 것은 상대방이 방어적이지 않고 개방적으로 대화할 수 있게 한다.

상대가 얼마나 가까운 사이냐에 따라 적절한 거리가 정해진다고 보면 된다.

가족이나 연인같이 아주 친밀한 사이에는 0~45cm의 거리가 적절하다. 부모님이나 연인에게 다가갈 때는 거의 붙어 앉거나 서로 손을 잡기도 한다. 이 정도로 가까운 사이여야 45cm 이내의 거리가 불편하지 않다.

친구나 친한 동료라면 45cm~1.2m 거리가 적절하다. 이는 개인적 거리다. 친구와 카페나 술집에서 대화할 때, 테이블 너머로 자연스럽게 유지하는 정도의 거리다. 너무 가깝지도 않고, 그렇다고 멀리 떨어져 있지도 않은 거리라서 대화하기 편안하다. 고객과 만남에서는 일반적으로 개인적 거리가 적절하며 이 거리에서 서로 편안함을 느낄 수 있다.

사회적 거리는 1.2~3.6m 사이다. 이 거리는 사무실에서 상사나 동료와 업무상 대화를 할 때 유지하는 거리다. 예를 들어, 회의실 테이블 너머로 서로 앉아 있거나, 면접을 볼 때처럼 적당한 거리에서 대화를 나누는 느낌이다. 이렇게 하면 서로 간에 예의를 지키면서도 업무적인 대화를 할 수 있다.

공공적 거리는 3.6m 이상이 적합하다. 공연이나 강연을 할 때처럼 청중과의 거리가 멀리 떨어져 있는 상황이다. 예를 들어, 강사가 무대에서 발표할 때 청중들과의 거리가 약간 멀리 떨어져 있어야 발표에 집중하게 되는 것처럼 말이다. 이처럼 사람들은 관계에 따라 자연스럽게 거리를 조절하고, 그 거리가 상황에 맞으면 대화가 더 편안해진다.

적절한 거리를 유지하는 것은 상대방에 대한 존중을 나타낸다. 상대방의 개인 공간을 존중하고, 그들의 편안함을 배려하는 태도를 보여주는 것이다.

상대방의 진짜 마음을 읽는
관찰 속 단서

1장에서 만남을 주도하며 카리스마를 발휘하기 위해 고객에 관한 단서를 찾는 게 중요하다고 말했다. 관계를 형성하고 구축하는 과정에서 고객에 관한 단서는 중요한 역할을 한다.

첫 만남에서 상대방을 관찰하며 얻은 단서를 활용하면 그를 리드할 수 있다. 상대의 행동, 표정, 옷차림, 가방, 시계, 액세서리, 말투 등에서 다양한 정보를 얻어 심리적으로 접근하는 방법이다. 이러한 관찰을 통해 상대의 성향과 필요를 파악하고, 이를 바탕으로 맞춤형 서비스를 제공할 수 있다.

외모와 복장 관찰

사람들은 의상이나 액세서리 등을 통해 자신을 표현하며, 이는 타인에게 특정한 사회적 신호를 전달한다. 의상은 단순한 패션 이상의 의미를 가지며, 개인의 신분, 직업, 그리고 성향을 반영할 수 있다.

고급스러운 의상과 명품 액세서리를 착용한 고객은 자신의 사회적 지위를 강조하고, 신뢰성과 품질을 중시하는 경향이 있다. 이러한 고객은 고가의 상품이나 서비스에 대한 관심이 높고, 높은 수준의 서비스 품질을 기대한다. 첫 대면에 정중함으로 시작하자.

캐주얼한 복장을 선호하는 고객은 편안함과 비공식적인 환경을 선호할 가능성이 크다. 이들은 대체로 친근하고 접근하기 쉬운 스타일의 서비스를 기대하며, 지나치게 형식적이거나 고압적인 태도보다는 편안하고 자연스러운 접근을 선호한다. 단, 마무리에 정중함을 넣어야 함을 잊지 말자.

비언어적·언어적 신호 관찰

비언어적 의사소통에서 심리적 단서를 찾을 수 있다. 비언어적 의사소통은 대인관계에서 매우 중요한 역할을 하는데, 고객과의 첫 만남에서 중요한 단서를 찾을 수 있다. 고객의 표정, 자세, 눈 맞춤 등은 그들의 감정 상태와 태도를 반영하는 경향이 있다.

표정과 눈 맞춤

자주 미소를 짓고 눈을 맞추는 고객은 개방적이고 친근한 성향을 보일 가능성이 크다. 이러한 고객은 대화를 통해 관계를 강화하고, 신뢰를 구축하려는 의도를 가진다. 반면 표정이 굳어 있거나 눈을 피하는 고객은 불안감이나 경계심을 느끼고 있을 수 있으며, 이 경우에는 더 신중하고 배려심 있는 접근이 필요하다.

신체 언어

팔짱을 끼거나 몸을 뒤로 젖히는 고객은 방어적인 태도를 보일 수 있다. 이는 고객이 현재 상황에서 불안감을 느끼거나, 자신을 보호하려는 심리적 상태를 나타내는 것일 수 있다. 반면, 몸을 앞으로 기울이고 손을 펼치는 등의 신체 언어는 대화에 적극적으로 참여하려는 의지를 나타내며, 이러한 고객은 대화를 주도하고 의견을 교환하려는 성향이 강할 수 있다.

비언어적인 단서를 통해 상담을 이어나갈 것인지, 일단 후퇴할 것인지 판단하자. 안 될 상황에 시간만 투자하면 나만 지친다. 촉을 세우자.

대화 내용과 말투 관찰

───────

대화의 리듬을 통해 상대의 심리적 특성에 관한 단서를 포착할 수 있다. 고객의 말투와 대화 내용은 그들의 성향과 현재 감정 상태를 드러내는 중요한 요소이다. 말의 속도, 톤, 그리고 대화의 주제는 그들의 심리적 상태를 반영할 수 있다. 전화 통화만으로도 상대가 누워 있는지, 안 좋은 일이 있는지 감지한 경험이 있을 것이다. 신경을 집중하고 예리하게 목소리를 관찰하면 상대방의 심리에 가까이 갈 수 있다.

말의 속도와 톤

빠르고 열정적으로 말하는 고객은 자신감 있고 결단력 있는 성향을 보일 수 있다. 이러한 고객은 빠른 의사결정을 선호하고, 명확하고 직접적인 커뮤니케이션을 기대할 가능성이 크다. 반면, 느리고 신중하게 말하는 고객은 세심하고 분석적인 성향을 지니며, 이들은 더욱 자세한 정보와 신중한 의사결정을 선호한다.

대화 주제

고객이 대화 중 개인적인 이야기나 취미를 언급하는 경우, 친밀감을 형성하려는 의도로 해석될 수 있다. 이러한 고객은 관계 중심적인 접근을 선호하며, 개인적인 유대감을 중시할 가능성이 크다. 반면, 업무나 목표에 집중하는 대화를 하는 고객은 결과 지향적인 성향을 보이고 실질적인 이익이나 성과를 우선시할 가능성이 크다.

심리적 프로파일링

심리적 프로파일링은 상대의 심리적 특성을 체계적으로 분석하여 그들의 행동 패턴, 의사결정 과정, 그리고 가치관을 이해하는 방법이다. 이는 상대방과의 상호작용에서 얻은 정보를 바탕으로, 그가 어떤 방식으로 생각하고 행동하는지에 대한 깊이 있는 통찰을 제공한다.

심리적 프로파일링을 통해 상대의 개인적인 니즈와 선호도를 파악할 수 있으며, 이를 바탕으로 그 사람에게 최적화된 맞춤형 서비스를 제공할 수 있다. 게다가 상대의 심리를 이해하고 그에 맞춘 서비스를 제공함으로써, 신뢰와 충성도를 높일 수 있다.

그리고 상대의 커뮤니케이션 스타일과 심리적 성향을 이해함으로써, 더욱 효과적인 의사소통이 가능해진다. 이는 오해를 줄이고, 더 나은 협력 관계를 형성하는 데 도움이 된다.

심리적 프로파일링은 여러 가지 핵심 요소를 바탕으로 수행된다. 이 요소들은 고객의 심리적 특성을 다각도로 분석하는 데 중요한 역할을 한다.

고객의 가치관과 우선순위 파악

고객의 가치관은 그들의 행동과 의사결정을 이끄는 주요한 요인이다. 예를 들어, 어떤 고객은 가족을 최우선으로 생각하는 반면, 어떤 고객은 개인의 성취나 경제적 안정에 더 큰 가치를 둘 수 있다. 이러한 가치관을 이해함으로써, 고객이 무엇을 중요하게 여기는지 파악할 수 있다. 예를 들어 가족 중심의 고객은 가족과 관련된 서비스나 혜택에 높은 관심을 보일 수 있으며, 이들에게는 가족의 행복과 안정을 강조하는 마케팅 메시지가 효과적일 수 있다.

감정 상태와 반응 분석

고객의 감정 상태는 그들의 현재 니즈와 스트레스를 반영할 수 있다. 상대의 대화나 행동에서 나타나는 감정적 반응을 통해 이를 파악할 수 있다. 감정적인 단서를 통해 고객이 어떤 상황에서 스트레스를 받거나 만족감을 느끼는지 이해할 수 있다. 예를 들어, 고객이 특정 주제에 대해 강한 감정적 반응을 보인다면, 해당 주제가 고객에게 매우 중요하다는 것을 의미한다. 이런 경우, 감정적 반응에 대한 적절한 대응이 필요하다. 고객이 가격에 대해 민감한 반응을 보인다면, 추가적인 할인이나 가치를 강조하는 접근이 효과적일 수 있다.

행동 패턴과 의사결정 스타일

고객의 행동 패턴은 그들이 어떻게 의사결정을 내리는지를 이해하는 데 중요한 단서를 제공한다. 고객이 충동적으로 결정을 내리는지, 아니면 신중하고 분석적으로 접근하는지를 파악하는 것은 그들의 니즈를 예측하고, 적절한 제안을 하는 데 유용하다. 예를 들어, 신중한 고객은 자세한 정보와 충분한 시간, 그리고 논리적인 설득을 필요로 할 수 있다. 이러한 고객에게는 제품이나 서비스의 세부적인 장점과 단점을 명확히 설명하는 것이 효과적이다. 반면, 충동적인 고객은 즉각적인 이득이나 특가 제안에 더 큰 관심을 가질 수 있다.

라이프스타일과 인구통계학적 요소

고객의 라이프스타일과 인구통계학적 요소는 그들의 심리적 프로파일링에 중요한 정보를 제공한다. 고객의 연령, 직업, 소득 수준, 가족 구성 등은 그들이 어떤 제품이나 서비스를 선호할 가능성이 큰지 예측하는 데 도움을 준다. 예를 들어, 고소득층 고객은 프리미엄 제품에 더 큰 관심을 가질 수 있으며, 이들은 고급스러운 포장과 고객 서비스에 높은 가치를 둘 수 있다. 반면 젊은 고객은 트렌디하고 혁신적인 제품을 선호할 가능성이 크다.

고객의 심리적 프로파일링은 고객의 행동, 감정, 가치관 등을 깊이 있게 이해하여, 그들에게 최적화된 서비스를 제공하기 위한 핵심 전략이다. 이를 통해 고객 만족도를 높이고, 장기적인 관계를 구축할 수 있다.

그러나 이를 효과적으로 활용하기 위해서는 윤리적 고려와 함께, 정확하고 체계적인 분석이 필요하다. 고객의 심리를 이해하고 이에 맞춘 전략을 구사하는 것은 현대 비즈니스에서 경쟁력을 유지하는 데 필수적인 요소로 작용한다.

오래 기억되는 자기소개

고객과의 첫 만남에서 강렬한 인상을 주는 방법 중 하나는 스토리텔링 인사법이다. 이것은 어색함을 줄여주고 자신의 이야기를 짧고 강렬하게 전달하여 기억에 남도록 할 수 있다.

따지고 보면 나와 비슷한 사람, 나와 비슷한 역량을 가지고, 비슷한 업무를 하는 사람은 무수히 많다. 그래서 차별적인 인상을 주지 못한다면 나는 그중 한 사람에 지나지 않게 된다. 만남의 기회에 다른 사람과 다른 각인 전략을 써야 하는 이유가 여기에 있다.

고객이 공감할 수 있는 짧고 인상적인 이야기를 통해 신뢰를 쌓고, 긍정적인 첫인상을 남겨야 한다. 자신을 잘 표현하는 자기소개를 하는 사람들은 눈에 띌 수밖에 없다. 효과적으로 자신을 소개하는 방법 네 가지를 살펴보자.

칭찬으로 시작

———

칭찬은 분위기를 유연하게 하며 듣는 사람을 기분 좋게 한다. 여기에 적절한 유머까지 덧붙일 수 있다면 금상첨화다.

"다들 말씀을 너무 잘하셔서…(대단히 뛰어나다는 뉘앙스로)."

"바쁘신 중에도 이렇게 자기 관리 하신다는 게 쉽지 않은데…(존경스럽습니다)."

"전문가들만 계신 것 같아서…(만나 뵙게 되어 영광입니다)."

혹시라도 정말 할 말이 떠오르지 않는다면, 그 시간, 그 공간, 그 분위기에서 느껴지는 감정을 표현하면 된다. 예를 들면 "앞에 서서 긴장했는데, 마침 뒤에 걸린 환영 문구를 보니 마음이 편해집니다", "여러분의 따뜻한 미소가 느껴지니 조금 긴장이 풀리고 제 마음이 편안해지네요" 등과 같이 말하면 좋다.

어쨌든 상대는 칭찬을 들으면 일단 마음을 연다. 경직된 분위기는 좀 나아질 것이고 이 흐름을 타고 자신을 소개하면 된다.

하고 있는 일 또는 관심사 언급

———

소속, 직급, 근무 경력 등을 소개하기보다는 이 일을 하게 된 계기나 사명을 어필하는 게 인상적이다. 일에 대한 철학과 사명을 녹여서 이야기하면 자연스러운 스토리텔링이 이루어지고 상대에게 오래 각인된다. 이 일을 하면서 깨닫게 된 가치와 보람, 사명감 등에 초점을 맞추어 이야기한다. 예를 들면 다음과 같다.

"어릴 적 부모님을 보면서 저도 또한⋯."

"이러저러한 경험으로 저는 꼭 도전하고픈 마음이 생겼고, 이 일을 한 지 10년이 넘었어요."

"주위에 이런 안타까운 일이 생겼었습니다. 그때 도움을 주고 싶다는 마음으로 시작한 일이 벌써⋯."

"제 별명이 금융계 오은영입니다."

직장, 직급 등은 그 사람의 본질이 아니다. 그러므로 내면의 진정성을 느낄 수 있도록 자신을 소개하는 것이 훨씬 더 임팩트가 있다.

이 자리에 참석하게 된 이유
———

상대의 호감도를 높이려면 공감을 끌어내야 한다. 그러기 위해 모임 주제나 참여자, 그리고 나와의 공통점을 표현함하는 것이 효과적이다. 예를 들어 와인 모임에 참석했다고 하자. "모임이 늘어나면서 술자리가 잦아졌는데, 이왕이면 좋은 사람을 만나며 배움을 얻으면서 마시는 게 좋겠다고 생각했습니다"라고 이야기하는 것이다.

또한, 모임의 구성원이 주로 학부모라면, 업무 위주의 이야기보다는 자녀교육의 고충 등의 일반적 관심사를 매개로 이야기를 시작하면, 한결 부드럽고 공감대 형성이 쉬워져 더 수월하게 다가갈 수 있다.

모임에 임하는 각오

———

자신이 모임을 소중히 여기며, 헌신적인 자세로 소개할 각오가 있음을 드러내는 이야기를 하는 것이 좋다.

"앞으로 이 모임에서 지각만큼은 절대 하지 않는 이미지로 기억에 남겠습니다."

"수업 후 마지막 정리는 반드시 제가 합니다."

"커피는 제가 타겠습니다."

각오의 말을 적절히 할 수 있다면 모임에서 주도적 역할을 할 수 있으며, 임원이 될 기회도 늘어난다. 모임의 임원이 되는 것은 폭넓은 인간관계를 형성하는 데 유리한 디딤돌을 얻는 셈이다.

청찬, 하고 있는 일과 관심사, 참석한 이유, 모임에서의 각오 순서로 소개를 하는 방법은 첫 만남이나 면접, 모임에서의 첫인사 등에 효과적으로 응용할 수 있을 것이다.

✳

경청,
마음을 여는 가장 강력한 열쇠

비즈니스의 진실 한 가지를 짚고 가자. 고객은 당신이 얼마나 많이 아는지에 관심이 없다. 그들이 진정 원하는 바는 자신이 진정으로 이해받는 것이다. 그런데 아이러니하게도 대부분의 비즈니스맨들은 말하기에만 집중한다. 마치 자신의 입에서 나오는 말이 마법의 주문이라도 되는 양 끊임없이 떠들어댄다.

하지만 진짜 마법은 침묵에서 시작된다. 고객의 말을 온전히 듣는 그 순간, 신뢰라는 보이지 않는 다리가 놓이기 시작한다.

성공한 비즈니스맨들이 사용하는 '확인의 기술'

성공한 비즈니스맨들은 간단하지만 강력한 커뮤니케이션 기법을 갖추고 있다. 그들은 추측하는 대신 확인한다. "혹시 제가 이해한 것이 맞는지 확인해보고 싶습니다. 고객님께서 말씀하신 것은…" 이 한마디가 오해의 벽을 무너뜨리고 진정한 소통의 문을 연다.

이는 단순한 예의가 아니라 전략이다. 고객이 "맞습니다"라고 대답하는 순간, 그는 당신이 자신을 제대로 이해하고 있다고 느낀다. 반대로 "아니요, 제 말은…"이라고 대답하면, 당신은 고객의 진짜 마음을 알 수 있는 기회를 얻는다. 어느 쪽이든 당신에게는 이득이다.

경청하지 않는 뇌, 말하기에 중독된 마음

———

인간의 뇌는 본능적으로 말하고 싶어 한다. 상대방이 말하는 동안에도 다음에 할 말을 준비하느라 바쁘다. 이를 '대화 대기 증후군'이라고 한다. 겉으로는 듣는 척하지만 실제로는 자신의 차례를 기다리고 있을 뿐이다.

이런 상태에서는 진정한 경청이 불가능하다. 고객의 말에서 중요한 단서를 놓치고, 감정의 변화를 감지하지 못하며, 진짜 니즈를 파악할 수 없다. 결국 엇박자 대화가 이어지게 된다.

방향을 바꿔야 한다. '무엇을 말할까'에서 '어떻게 들을까'로 관심사를 옮기는 것이다. 말하기는 정보를 전달하는 행위이지만, 듣기는 관계를 만드는 행위다. 그리고 비즈니스에서 관계는 모든 것을 뛰어넘는 가장 강력한 무기다.

집중이라는 선물, 가장 값진 배려

얼마 전의 일이다. 내가 컨설팅하는 대기업 임원분의 사무실에 들렀다. 갑자기 약속을 잡았기 때문에 거절해도 그만이었다. 하지만 그분은 나를 반갑게 맞아주셨다. 그리고 비서가 찻잔을 들고 오자, 그에게 "전화 연결하지 마세요. 중요한 미팅입니다"라고 조용히 이야기했다. 정신없이 바쁜 분이지만 주어진 시간만큼은 나에게 집중하겠다는 의지가 느껴졌다. 나는 크게 감동할 수밖에 없었다.

이렇듯 경청은 상대에게 집중하고 방해 요소를 없애는 의지에서 출발한다. 경청하기 위해서는 내 생각을 내려놓아야 한다. 상대의 말을 들을 때는 머릿속을 비워서 그를 위한 공간을 남겨두어야 한다.

내 생각을 내려놓는 용기, 빈 그릇이 되는 지혜

가장 어려운 점은 내 생각을 내려놓는 것이다. 우리는 모두 자신만의 경험과 지식이라는 가방을 메고 다닌다. 고객의 말을 들으면서도 '아, 이 사람은 이런 타입이구나', '이럴 때는 이렇게 해야 하는데'라고 끊임없이 판단하고 분석한다.

하지만 진정한 경청은 빈 그릇이 되는 것이다. '내 생각'이라는 물을 모두 비우고, 고객의 이야기로 그 그릇을 채우는 것이다. 그래야 고객의 진짜 마음이 보이고, 숨겨진 니즈가 드러나며, 예상치 못한 기회를 발견할 수 있다.

이는 자신을 낮추는 것이 아니라 높이는 것이다. 고객의 말을 온전히 들을 수 있는 사람은 결국 그 고객의 마음까지 얻게 된다.

소통 채널의 새로운 규칙, 디지털 시대의 경청법

———

오늘날 소통은 더 이상 대면에만 국한되지 않는다. 이메일, 문자, 화상회의, 메신저 등 다양한 채널이 존재한다. 하지만 채널이 바뀌어도 경청의 본질은 변하지 않는다.

이메일에서의 경청은 상대방의 글을 꼼꼼히 읽고 핵심을 파악하는 것이다. 성급하게 답변하지 말고, 상대방이 정말 무엇을 원하는지 파악한 후 응답한다. 화상회의에서는 카메라를 바라보며 집중하고, 상대방의 표정과 목소리 톤까지 세심하게 관찰한다.

각 채널의 특성을 이해하고 그에 맞는 경청 방식을 개발하는 것이 현대 비즈니스맨의 필수 역량이다. 중요한 것은 어떤 채널을 사용하든 '상대방을 온전히 이해하겠다'는 마음가짐을 잃지 않는 것이다.

경청은 기술이 아니라 예술이다. 그리고 이 예술을 완성하는 순간, 당신은 단순한 비즈니스맨을 넘어 고객의 진정한 파트너가 된다.

명확성, 소통의 생명

비즈니스맨의 소통은 명확해야 한다. 누가, 언제, 어디서, 무엇을, 어떻게, 왜 한다는 것인지 명료하게 밝혀야 한다. 이야기를 들을 때도 마찬가지다. 명확하지 않은 부분이 있으면 질문을 통해 답변을 듣고 모호한 지점을 명확히 짚어야 한다. 그래야 나중에 혼란이 생기지 않는다.

인사치레로 모호한 말을 쓸 때가 많은데, 바람직한 일은 아니다. 가장 대표적인 말이 "언제, 밥 한번 먹읍시다", "나중에 소주 한잔하시죠" 등이다. 언제 어디서 식사하거나 한잔하자는 것인지 명확하지 않기 때문에 심지어 그러지 않겠다는 뜻으로까지 해석된다. 의례상 하는 말조차도 명확해야 한다. 더욱이 업무의 상황이라면 명확한 언어로 소통해야 한다.

요리 레시피에도 '갖은양념', '적당량' 같은 단어가 종종 나오는 데, 어떤 양념을 얼마나 넣으라는 이야기인지 헛갈린다. 특히 '적당히' 같은 단어는 말하는 사람만 그 뜻을 알 수 있다.

소통에서 같은 단어를 쓰더라도 그 의미 해석이 달라서 혼란을 겪는 경우가 생긴다. 조지 레이코프(George Lakoff)와 마크 존슨(Mark Johnson)이 쓴 『Metaphors We Live by』에서는 같은 단어도 서로 다른 문화적·은유적 배경에서 다르게 해석되며, 그로 인해 오해와 소통 오류가 발생하는 현실을 자세히 다루고 있다. 단어에 대한 느낌, 경험, 관점 등이 반영될 때는 주관적 표현은 물론이고 객관적인 대상 역시 객관적으로 전달될 수 없다.

나는 강의 중에 "리본을 그려보세요"라고 주문하곤 하는데, 이때 같은 그림을 그리는 사람은 하나도 없다. 각자 살아오면서 보고 기억해온 리본이 다 다르기 때문이다. 어떤 사람은 어느 분은 진짜 꽃 모양 같은 리본을 그리고 어떤 이는 양쪽이 묶인 리본을 그리며, 어떤 이는 반쪽이 묶인 리본을 그린다. 심지어는 어린 시절 학교에 갈 때 달았던 '불조심' 리본을 그린 사람도 있었다.

"바다를 떠올려보라"라고 이야기할 때도 비슷하다. 대화를 나누어보면 내가 생각한 바다와 상대의 머릿속 바다가 같지 않다. "날씨 참 좋다"라는 말은 어떤 상태를 표현한 것일까? 햇빛, 온도, 습도, 자외선 지수, 미세먼지, 바람의 세기… 그중에서 무엇을 말한 것일까? 언젠가 "오늘 날씨가 좋다"고 말하는 사람에게 "어떤 점이 좋아요?"라고 물어보았다. 그러자 그는 "오늘 우산을 갖고 나올까 고민하다가 그냥 나왔는데, 비가 안 와서 좋아"라고 대답했다. 이렇듯 상대로부터 상상하지도 못했던 대답이 나올 수도 있다.

그래서 대화가 쉽지 않다. 같은 단어에 대한 의미가 서로 다를 수 있음을 염두에 두어야 한다. 각자 살아온 생활 방식, 사고방식의 차이는 언어의 해석 차이를 만든다. 그러므로 업무에서는 가능한 한 숫자로 표현하는 게 오해와 혼란을 줄이는 중요한 방법이 된다. 예를 들어 '아침'이라는 표현보다는 '8~9시 사이', 소량보다는 '3g' 등으로 표현하는 게 명확하다.

상대에 대한 '신뢰 부족'도 소통을 가로막는 중요한 요인이 된다. 말하는 사람이 과거 여러 차례 진실한 정보를 제공하지 않은 일이 있거나 전반적으로 신뢰를 줄 수 없는 사람인 경우 수신자는 송신자의 메시지에 대해 신뢰하지 않게 된다.

소통은 대화와 다르다. 대화는 말을 주고받는 것이지만 소통은 말을 주고받으며 막힌 곳을 뚫어가는 과정이다. 그러기 위해서는 표면이 아닌 깊이가 필요하다. 단어의 숨은 의미를 파악해야 하고 신뢰를 높여가야 한다.

행동과 언어,
무엇이 더 빠르게 전달될까?

행동과 언어는 모두 소통의 중요한 수단이다. 그러면 둘 중 어느 것이 더 빠르게 전달될까? 다양한 연구 결과, 행동이 언어보다 더 빠르고 강력하게 전달되는 경향이 있음이 밝혀졌다. 행동은 비언어적 신호로서 직접적이고 본능적으로 해석되기 때문이다.

행동은 비언어적 신호를 포함하며, 이것은 인간이 본능적으로 인식하고 해석하는 정보이다. 표정, 몸짓, 자세 등은 말보다 더 빠르게 상대방에게 감정을 전달한다. 예를 들어 회의 중에 상사가 미소를 지으면 팀원들은 상사가 기뻐하고 있다는 것을 즉각적으로 인식하고. 반대로 상사가 팔짱을 끼고 있으면 불만이나 방어적인 태도를 느끼게 된다.

그리고 행동은 말보다 덜 의도적이고, 따라서 더 진실되게 인식되는 경우가 많다. 그래서 사람들은 언어보다 행동을 더 신뢰하는 경향이 있다. 어려운 일을 겪는 친구가 "괜찮아. 아무 일 없어"라고 말하면서도 얼굴에 걱정스러운 표정을 지으면, 상대는 말보다 표정을 더 믿고 친구가 실제로 괜찮지 않다는 것을 알아차린다.

원활한 소통과 깊은 관계 구축을 원하는 비즈니스맨은 비언어적인 요소를 매개로 한 소통에도 신경을 써야 한다. 그 이유를 몇 가지 알아보자.

첫째, 신뢰 구축과 미러링(Mirroring) 효과이다. 커뮤니케이션 연구에 따르면, 사람들은 타인의 비언어적 신호를 통해 상대방의 신뢰성을 판단하는 경향이 있다. 신뢰를 형성하는 데 중요한 요소로는 안정적인 눈 맞춤, 따뜻한 미소, 적절한 제스처 등이 있다. 미러링은 상대방의 비언어적 행동을 모방하는 것을 의미하며, 이는 상대방에게 공감과 이해를 전달하는 데 효과적이다. 상대의 자세나 제스처를 자연스럽게 따라 하는 것은 상대에게 자신이 이해받고 있다는 느낌을 준다. 이는 신뢰와 친밀감을 형성하는 데 매우 효과적인 비언어적 기술이다.

둘째, 외모의 시그널링이다. 옷차림, 자세, 목소리 톤 등은 상대에게 권위와 지위를 시그널링할 수 있다. 이러한 신호는 고객에게 전문가의 능력과 신뢰성을 직관적으로 전달한다. 연구에 따르면, 사람들은 잘 차려입은 사람들을 더 신뢰하고 높은 지위로 인식하는 경향이 있다. 깔끔하고 정돈된 외모를 유지하는 것은 상대에게 자신의 전문성과 신뢰성을 시그널링하는 중요한 요소이다. 만약 언어적으로는 전문성을 강조하지만, 비언어적 신호가 이를 뒷받침하지 않는다면 상대는 인지 부조화를 경험할 수 있다.

이렇듯 비언어적인 요소가 상대에게 먼저 도달하고 중요성이 크지만, 언어적 요소를 간과할 수 없다. 가장 효과적인 방법은 비언어와 언어적 요소의 조화와 균형을 이루는 것이다.

비언어와 언어적 요소 사이에 일관성이 있어야 한다. 행동과 언어가 일치할 때, 메시지는 더욱 강력하고 신뢰성 있게 전달된다. 일관된 비언어적 신호와 언어적 표현은 상대방에게 명확한 메시지를 보낸다. "잘했어"라고 말하면서 격려의 박수를 치면, 상대는 더 크게 동기부여를 느끼게 된다.

만약 행동과 언어가 불일치할 때, 사람들은 주로 행동을 믿는 경향이 있다. 이는 비언어적 신호가 더 강력하게 인식되기 때문이다. "나는 화나지 않았어"라고 말하면서 주먹을 쥐고 어금니를 꽉 다물고 있다면, 상대방은 그가 실제로 화가 나 있다는 것을 더 잘 인식하게 된다.

행동은 언어보다 더 빠르게 전달되고, 즉각적이며 본능적인 반응을 이끌어낼 수 있는 강력한 소통 수단이다. 비언어적 신호는 사람들에게 즉각적으로 감정과 의도를 전달하며, 더 신뢰할 수 있는 것으로 인식된다. 그러나 언어는 명확성과 세부적인 설명에서 뛰어나며, 복잡한 상황을 설명하고 오해를 바로잡는 데 유용하다. 따라서 가장 효과적인 소통은 행동과 언어가 일치하여 일관된 메시지를 전달할 때 이루어진다.

미러링,
마음을 열어주는 보이지 않는 열쇠

인간은 태어나는 순간부터 미러링을 한다. 갓난아기도 엄마가 혀를 내밀면 따라서 혀를 내밀고, 엄마가 웃으면 따라서 웃는다. 이는 학습된 것이 아니라 본능이다. 인간의 DNA에 새겨진 '연결의 욕구'가 미러링을 통해 표현되는 것이다.

이 본능적 욕구를 이해하고 활용하는 것이 바로 비즈니스에서의 미러링이다. 흉내 내는 것이 아니라, 고객의 마음속 깊은 곳에 잠들어 있는 '동질감'을 깨우는 것이다.

미러링의 효과

① **신뢰 형성:** 미러링은 상대방에게 친밀감과 신뢰감을 준다. 사람

은 자신과 비슷한 행동을 하는 사람에게 더 신뢰감을 느끼고, 더 긍정적인 감정을 갖게 된다.

② **공감과 이해**: 미러링은 상대방이 이해받고 있다는 느낌을 주기에 고객이 자신을 존중받고 있다고 느끼게 하여 더 열린 마음으로 대화하게 한다.

③ **긴장 완화**: 미러링은 상대방의 긴장을 완화한다. 상대방이 편안함을 느끼면 대화가 더 원활하게 진행된다.

미러링을 효과적으로 사용하는 방법

말투와 속도 맞추기

① **말투**: 고객의 말투를 주의 깊게 듣고, 비슷한 어조와 톤을 사용한다. 예를 들어, 고객이 부드럽고 차분하게 말한다면, 당신도 비슷한 어조로 말한다. 고객이 에너지 넘치고 빠르게 말한다면, 당신도 조금 더 활기차고 빠르게 말한다.

② **속도**: 고객의 말하는 속도에 맞춰 이야기한다. 고객이 천천히 말한다면 당신도 천천히 대응하고, 빠르게 말한다면 이에 맞는 속도에 대응하며 끄덕임을 좀 더 많이 한다.

신체 언어 미러링

① **자세**: 고객의 자세를 자연스럽게 따라 한다. 예를 들어, 고객이 팔짱을 끼고 있다면, 잠시 후에 비슷한 자세를 취한다. 고객이 몸을

앞으로 기울이고 있으면, 당신도 몸을 조금 앞으로 기울인다. 단, 이때 시차를 두는 것이 좋다. 바로 따라 하면 놀리는 기분이 들 수 있다.

② **제스처:** 고객이 특정 제스처를 사용할 때, 비슷한 제스처를 사용한다. 예를 들어 고객이 손으로 턱을 괴고 있다면, 당신도 같은 자세를 취한다. 펜을 들고 있다면 나도 자연스럽게 펜을 잡아본다.

가장 효과적인 것은 '부분 미러링'이다. 고객의 모든 동작을 그대로 따라 하는 것이 아니라, 한두 가지 동작만 선택해서 미러링한다. 예를 들어 고객이 펜을 돌리고 있다면, 나도 펜을 만지거나 손가락을 움직이는 정도로 부드럽게 미러링한다.

표현 방식 미러링

① **언어 선택:** 고객이 사용하는 특정 단어나 표현을 따라 사용한다. 예를 들어, 고객이 "매우 중요하다"는 표현을 자주 사용한다면, 당신도 그 표현을 사용한다. "여기서 중요한 포인트는…"과 같이 말하며 중요 단어를 픽업해서 연결한다.

② **이야기 구조:** 고객이 이야기하는 방식(순서, 강조점 등)을 따라간다. 고객이 먼저 문제를 설명한 후 해결책을 말한다면, 당신도 비슷한 구조로 이야기한다.

위험한 순간들, 미러링이 역효과를 낼 때

———

미러링에도 금기가 있다. 고객의 부정적인 행동은 미러링하지 않는다. 고객이 팔짱을 끼고 뒤로 기대는 방어적 자세를 취했다면, 이를 그대로 따라 하는 것보다는 오히려 열린 자세로 대응하는 것이 좋다.

또한, '과도한 미러링'도 위험하다. 고객의 모든 동작을 따라 하면 오히려 불편함을 줄 수 있다. 자연스러움이 가장 중요하다.

가장 중요한 것은 타이밍이다. 고객이 긴장하거나 경계하고 있을 때는 미러링을 자제하는 것이 좋다. 충분히 마음이 열린 후에 미러링을 시작해야 효과적이다.

완벽한 미러링, 거울이 아닌 친구가 되는 순간

———

진정한 미러링의 목표는 고객의 완벽한 거울이 되는 것이 아니라, 고객과 같은 세상에 사는 친구가 되는 것이다. 기계적으로 따라 하는 것이 아니라, 고객의 세계관과 감성에 진심으로 동참하는 것이다.

성공적인 미러링이 이루어지면 고객은 이런 느낌을 받는다. '이 사람과는 대화가 편하다.' '이 사람은 나와 통하는 사람이다.'

이 순간 당신과 고객 사이에는 보이지 않는 다리가 놓인다. 그리고 그 다리 위로 신뢰와 친밀감이 오가기 시작한다. 미러링은 기술이 아니라 마음과 마음을 연결하는 예술이다.

말의 내용보다
말투가 호감을 만든다

목소리는 소통 도구가 아니라 감정을 연주하는 악기

같은 문장이라도 어떤 '음악'으로 전달하느냐에 따라 완전히 다른 메시지가 된다. "이 상품을 추천드립니다"라는 말을 생각해보자. 기계적으로 말하면 단순한 정보 전달이 되지만, 확신과 열정을 담아 말하면 강력한 설득의 메시지가 된다. 차분하고 부드럽게 말하면 신뢰감을 주고, 급하게 말하면 불안감을 준다.

특히 목소리 온도 조절법이 중요하다. 복잡하고 어려운 내용을 설명할 때는 목소리를 한 톤 낮춰서 안정감을 준다. 좋은 소식을 전할 때는 목소리에 기쁨을 담아 상대방도 함께 기뻐하게 만든다. 나쁜 소식을 전할 때는 진정성 있는 걱정과 공감을 목소리에 담는다.

신뢰감을 만드는 목소리의 3요소

────

첫 번째는 '안정성'이다. 떨리거나 불안한 목소리는 즉시 불신을 만든다. 중요한 미팅 전에는 복식호흡을 하고 목소리를 안정시킨다. 물을 마시고 목을 풀어주는 것도 도움이 된다.

두 번째는 '적절한 속도'다. 너무 빠르면 급해 보이고, 너무 느리면 답답해 보인다. 분당 150~160단어 정도가 가장 신뢰감을 주는 속도다. 특히 중요한 내용을 말할 때는 의도적으로 속도를 늦춰서 강조 효과를 준다.

세 번째는 '적절한 볼륨'이다. 목소리가 너무 크면 공격적으로 들리고, 너무 작으면 자신감이 없어 보인다. 상대방이 편안하게 들을 수 있는 적당한 크기로 조절한다.

공감의 예술, 고객의 마음에 파장을 일으키는 말투

────

고객이 불안해할 때 어떻게 말하느냐가 관계의 운명을 결정한다. "걱정하지 마세요. 별일 아닙니다"라고 가볍게 말하면 고객은 '이 사람은 내 걱정을 이해하지 못한다'고 느낀다. 하지만 "그런 걱정을 하시는 게 충분히 이해됩니다. 저도 같은 상황이라면 똑같이 걱정했을 것 같아요"라고 진심을 담아 말하면 고객은 '이 사람은 나를 이해하는구나'라고 느낀다.

이때 중요한 것은 '감정의 미러링'이다. 고객이 걱정스러워하면 목소리를 약간 낮춰서 그 걱정을 함께 나눈다. 고객이 기뻐하면 목소리에도 기쁨을 담는다. 하지만 과도하게 하면 연기처럼 보이므로 자연스러운 수준에서 조절한다.

설득력을 만드는 확신의 목소리

"아마도 이 상품이 좋을 것 같습니다"와 "이 상품이 고객님께 가장 적합합니다"는 같은 내용이지만 전혀 다른 느낌을 준다. 첫 번째는 불확실함을, 두 번째는 확신을 전달한다.

확신 있는 목소리의 비밀은 '완전한 믿음'에 있다. 자신이 말하는 내용을 100% 믿을 때 나오는 목소리와 그렇지 않을 때 나오는 목소리는 완전히 다르다. 고객은 그 차이를 본능적으로 감지한다.

이렇듯 상황에 따라 '단언의 힘'을 활용하는 게 효과적이다. "~것 같습니다", "~일 겁니다" 같은 추측 표현 대신 "~입니다", "~됩니다" 같은 단언 표현을 사용한다. 단, 이때는 공격적이지 않고 따뜻한 확신을 담는 것이 중요하다.

스몰 토크,
작은 대화가 큰 관계를 만드는 지렛대

대화를 나누다 보면 이른바 '썰렁한' 시간이 닥칠 때가 있다. 이것은 우리나라만의 일이 아닌 모양이다. 독일이나 프랑스에서는 사람들 사이의 대화가 갑자기 끊기고 낯선 정적이 흐르는 순간을 '천사가 지나가는 시간'이라고 부른다. 서로 친한 사이라면, 냉랭하고 어색한 정적이 감도는 순간이 크게 문제 되지 않는다. 하지만 처음 만났거나 친분이 깊지 않은 사이라면, 그 어색함을 견디기가 어렵다.

'무슨 말을 해야 할까?' 궁리하다가 서로 눈이 마주치면 멋쩍은 미소가 흐른다. 이 불편한 분위기를 벗어나려면 상대에게 맞는 자연스러운 대응을 해야 하는데, 그의 성향이나 취향을 모르기 때문에 더욱 난감해질 때가 있다. 이런 어색함을 극복하거나 더 나아가서 친밀감을 쌓아가는 것은 생각만큼 쉽지 않다. 이때 효율적인 도구가 '스몰 토크'이다.

스몰 토크는 알맹이 없는 가벼운 이야기, 작고 사소한 잡담을 말한다. 당신은 평소 스몰 토크를 잘 구사하는 사람인가? 이것을 진단하는 몇 가지 질문이 있다.

① 어색한 분위기에 종종 대화가 끊기는가?

② 첫 만남에도 말 잘하는 사람을 보면 부러운가?

③ 어색해서 아무 말이나 했다가 후회한 적이 있는가?

④ 모바일 대화는 쉬운데, 대면으로 만나는 순간 긴장되는가?

⑤ 모임에서 안면이 있는 사람과만 주로 대화를 나누려 하는가?

이 중 3개 이상 '그렇다'라고 답한다면, 스몰 토크에 어려움을 느끼고 있는 편이다.

스몰 토크를 잘하면 대화 분위기와 관계를 훨씬 부드럽게 만들수 있다. 스몰 토크는 대화의 지렛대 역할을 할 수 있기 때문이다.

스몰 토크는 첫 만남에 더욱 빛난다. 어색한 분위기를 누그러뜨린다. 인간관계를 시작하는 단계에서 스몰 토크가 결정적인 역할을할 수 있으므로 그 역량을 미리 쌓아두고 있는 게 좋다. 친분이 깊지않은 사람과 만났는데, 처음부터 너무 무거운 주제를 이야기하거나단도직입적으로 업무 관련 이야기로 들어간다면 분위기가 더욱 어색해지고 지나치게 진지해지는 경향이 있다. 스몰 토크로부터 대화를 시작하고, 이를 지렛대 삼아 업무상의 본론으로 들어가는 게 자연스럽다.

스몰 토크를 잘하는 방법을 몇 가지 알아보자. 첫째, 상대에 대한 관심이 있어야 한다. 이것은 전제조건이다. 상대의 관심사가 최고의 스몰 토크 소재이다. 최근 만난 적이 있다면 그때의 화제를 다시 언급하면 대화가 자연스럽다. 예를 들어 다음과 같은 질문을 던진다.

"이번에 둘째 아드님이 입학한다고 했지요? 입학식은 잘하셨나요?"

"이사 간다고 하셨죠? 언제인가요? 준비는 잘되고 있나요?"

주의할 점이 있다. 제대로 기억하지 못한다면, 안 하느니만 못하다. 예를 들어 "아드님이 이번에 고등학교에 입학했죠?"라고 물었는데, 상대가 "아, 예, 우리가 3년 전에 만났을 때 입학했죠. 지금은 대학에 다닙니다"라고 답한다면 아주 난처해진다. 제대로 된 관심과 정확한 정보가 있어야 한다.

스몰 토크를 잘하는 두 번째 방법은 대화 주제를 가볍게 던지고 상대의 대답으로 감정을 감지하는 것이다. 나는 스몰 토크 화제를 선택하는 암기 사항을 하나 가지고 있다. 여러분도 기억해두면 유용할 것이다. "주식의 신 여기사가"이다. 주택, 식사, 의류, 신문(언론, 정보), 여가, 기상, 사업(일), 가(가족 안부)의 앞글자를 이렇게 외우고 있다. 예를 들어 살펴보자

- **주:** 댁이 이쪽 근처세요? 아, 연희동이시군요. 여기서 멀지 않네요.
- **식:** 점심은 맛있게 드셨나요?
- **의:** 셔츠가 날씨처럼 화사하네요. 녹색이 잘 어울리세요.
- **신:** 얼마 전 뉴스를 보니 그 업종이 어렵다는데, 어떠신가요?
- **여:** 주말에 잘 쉬셨어요? 날씨가 참 좋던데 어디 좀 다녀오셨어요?

- **기:** 오늘 저녁에 비가 온대요. 우산은 챙기셨어요?

- **사:** 요즘 하시는 일은 어떠신가요? 다들 힘들다고 하는데, 그래도 다행이에요.

- **가:** 사모님은 요즘 잘 지내시나요? 안부 좀 전해주세요.

이런 화제 중 하나를 선택하여 질문을 건네고 상대의 감정을 파악하자.

나도 평소 스몰 토크 화제를 무심한 듯 던지고 상대의 감정을 감지하면서 대화를 이어간다. 예를 들어 회사 직원에게 "아까 팀원들하고 식사하러 나가던데, 뭐 든든한 거 드셨어요?"라고 묻는다. 그런데 상대가 "그냥 대충 먹었어요"나 "아, 뭐, 시간이 없어서…"와 같이 대답하면 그가 기분이 썩 좋지 않음을 느낀다. 그리고 완만한 진중한 호흡으로 대화를 이어간다. 그렇지 않고 "오늘 속 시원한 게 먹고 싶어서 평양냉면을 한 그릇 했는데, 개운하네요"와 같이 대답한다면 그는 대화를 이어갈 마음의 여유가 있다고 판단한다. 그러면 나도 그의 심리적 리듬에 맞추어 대답하고 대화를 이어간다. "저도 평양냉면 무척 좋아해요. 이번에 가신 곳은 어딘가요? 다음에는 저하고 같이 가시죠"라는 식으로 이야기한다. 이렇듯 리액션과 맞장구가 효과적이다.

셋째, 스몰 토크를 이어갈 때는 접속어 화법이 효과적이다. '정말?', '그래요?'와 같은 확인하는 피드백만 하지 말고 이야기가 이어지도록 '그래서요?', '그다음은요?'와 같은 접속어로 질문하자. 표정과 행동도 궁금하고 듣고 싶은 마음이 느껴지도록 말의 내용과 일치시킨다.

상대가 "배고프지 않아?"라고 물었는데, "난 괜찮은데"라고 답하면 대화는 단절된다. "실내가 너무 덥지 않아?"라고 하는 상대를 향해 "뭘, 시원한데"라고 답하면 역시 대화가 끊긴다. 내가 배가 고프지 않더라도 "아직 점심 전이구나, 뭐 먹고 싶은 게 있니?"라고 답하고, 덥지 않더라도 "이곳 실내온도가 좀 높은 편이지. 에어컨을 켤까?"라고 이야기하면 대화가 이어진다. 상대도 무안해하지 않는다. 최고의 피드백은 상대와 감정선을 맞추는 것임을 잊지 말자.

✴

상대방의 성향에 맞춰 소통 채널을 바꾸는 기술

분석적 사고방식과 전체론적 사고방식

강의하면서 청중에게 이런 질문을 던질 때가 있다. 슬라이더로 원숭이, 판다, 바나나 사진을 보여주면서, "이 중에 두 개를 묶어야 합니다. 원숭이와 무엇을 묶을까요?"

이 질문은 내가 독창적으로 만든 것이 아니다. '원숭이, 판다, 바나나' 실험은 문화 간 인지 처리 방식 차이를 연구하기 위해 자주 사용되는 심리학적 도구이다. 이 실험은 사람들이 사물을 어떻게 범주화하는지를 관찰한다. 특히 관계에 기반한 범주화와 속성에 기반한 범주화 사이의 차이를 탐구하는 데 활용된다.

심리학자 리처드 니스벳(Richard Nisbett)은 실험 참가자들에게 원숭이, 판다, 바나나 그림을 보여주고 이 중 서로 관련이 있다고 생각하는 두 가지를 고르도록 했다. 그 결과 문화적 배경에 따라 인지 처리 방식에 차이가 있음을 발견했다.

서양인 참가자들은 대부분 원숭이와 판다를 선택했다. 이는 둘이 모두 '동물'이라는 공통 범주에 속하기 때문이다. 이러한 선택은 서양 문화에서 흔히 볼 수 있는 분석적 사고방식을 반영한다. 이 사고방식은 사물을 고유의 속성과 범주에 따라 분류하는 경향이 있다.

동양인 참가자 중 상당수는 원숭이와 바나나를 선택했다. 이는 원숭이가 바나나를 먹는다는 관계를 기반으로 한 선택이다. 이러한 선택은 동아시아 문화에서 일반적으로 나타나는 전체론적 사고방식을 반영하며, 사물 간의 관계와 맥락을 더 중요하게 여긴다.

니스벳의 실험은 문화적 배경이 사람들이 세상을 인식하고 조직하는 방식에 얼마나 큰 영향을 미치는지를 보여준다. 서양인들은 대개 개별 사물과 그 속성에 집중하는 반면, 동아시아인들은 사물 간의 관계와 상호작용을 중시하는 경향이 있다. 이러한 차이는 교육, 의사소통, 마케팅 전략 등 다양한 분야에서 중요한 의미가 있다.

상대와 소통할 때 이 점을 염두에 두어야 한다. 문화적 맥락에 따라 어떤 이는 분석적 사고방식을, 어떤 이는 전체론적 사고방식을 지니고 대화에 임한다. 여기서 어떤 것이 옳고 그른가는 의미가 없다. 그의 사고방식을 이해하고 그에 맞추어 소통해야 한다는 사실만이 중요하다.

비즈니스를 하는 사람들은 갈수록 고객이 까다로워진다고 한다. 심하게는 젊은 사람들이 더하고 부자들이 더하다고 불평하는 목소리도 종종 나온다. 이해할 수 있는 불평이지만, 넋두리만 늘어놓고 있을 수는 없다. 그들이 원숭이와 바나나를 묶든, 판다와 원숭이를 묶든 그들의 사고방식 속으로, 그들의 스토리 속으로, 그들의 마음속으로 들어가야 그들과 소통할 수 있다. 상대는 모두 다르다. 획일적으로 적용되는 공통의 소통 방식은 없다. 각자에게 맞는 소통법을 익히는 것이 해답이다.

4가지 유형의 고객 소통

영업 활동을 하는 직종에서는 고객을 크게 4가지 유형으로 분류하고 각각의 성향과 요구에 따라 맞춤형 접근 방식을 취하곤 한다. 이를 소개하면 다음과 같다.

1) 분석형 고객

분석형 고객은 세부 사항과 데이터에 관심이 많다. 그는 의사결정을 신중하게 하며, 충분한 정보를 요구한다. 그리고 감정보다는 논리와 사실을 중시한다.

이들에게는 상세하고 풍부한 정보를 제공한다. 특히 핵심 정보를 명확하게 제시한다. 상세한 데이터와 근거를 제공하여 신뢰를 구축한다. 예를 들어, 금융 전문가가 이런 고객과 소통할 때는 투자 상품에 대한 과거 성과 데이터, 예상 수익률, 리스크 분석 등을 제시한다. 느리고 신중하게 말하는 고객은 세심하고 분석적인 성향을 지닐 가능성이 크다. 이들은 투자 결정에 앞서 충분한 정보를 요구하며, 금

3장 Relationship(관계 구축)

융 상품의 리스크와 수익률을 세부적으로 검토하고자 한다.

분석형 고객에게는 "지난 10년간 이 상품의 연평균 수익률은 8%였습니다. 또한, 리스크 관리를 위해 다양한 포트폴리오를 구성할 수 있습니다"와 같은 화법이 적합하다. 그리고 체계적인 설명이 긴요하다. 논리적이고 체계적인 설명을 통해 접근하고, 단계별로 설명하며, 질문에 명확하게 답변한다. "먼저, 이 투자 상품의 기본 구조를 설명드리겠습니다. 다음으로, 예상 수익과 리스크를 분석해보겠습니다"와 같이 말한다.

충분한 시간을 제공하는 방법도 효과적이다. 충분한 시간을 제공하여 고객이 스스로 정보를 검토하고 결정할 수 있도록 한다. 예를 들어 "모든 정보를 검토하신 후, 추가로 궁금한 점이 있으시면 언제든지 연락해주세요"와 같이 말한다.

2) 주도형 고객

주도형 고객은 목표 지향적이며, 결과를 중시한다. 빠른 의사결정을 좋아하고, 간결한 정보를 선호한다. 그리고 권위와 통제력을 중요시한다. 실질적인 성과와 빠른 결정을 중요시하는 경향이 있다. 이들은 명확한 목표 달성을 위해 즉각적인 솔루션을 요구할 수 있다.

이들에게는 핵심 정보 위주로 제공한다. 짧고 간결하게 핵심 사항을 제시하여 신속한 의사결정을 도와준다. "이 상품의 가장 큰 장점은 높은 수익률과 낮은 리스크입니다. 간단히 설명드리겠습니다"와 같이 말하는 것이 좋다.

또한, '결과 중심'으로 이야기한다. 성과와 결과에 중점을 두어 설명하고 실질적인 이익과 목표 달성을 강조한다. "이 투자로 연평균 10%의 수익을 기대할 수 있으며, 이는 고객님의 재정 목표 달성에 큰 도움이 될 것입니다"와 같은 언술이 효과적이다.

그리고 명확한 목표를 달성할 수 있는 솔루션을 제안한다. "고객님께서는 단기적으로 이익을 극대화할 수 있는 투자 기회를 찾고 계시니, 이 상품이 적합하다고 생각합니다. 이 상품은 향후 1년 내에 높은 수익을 기대할 수 있습니다." 등과 같이 설명하며, 명확한 타임라인과 예상 수익을 제시한다. 또한, 빠른 의사결정을 지원하기 위해 모든 관련 정보를 신속하게 제공하고, 후속 조치를 즉각적으로 취한다.

결단력을 존중하는 태도도 중요하다. 고객의 결단력을 존중하고, 신속한 결정을 지원한다. "즉시 투자 결정을 내리시면, 다음 주부터 바로 수익을 기대하실 수 있습니다"라고 말하면 효과적이다.

3) 사교형 고객

사교형 고객은 관계 중심적이고, 사람들과의 교류를 중요시하며, 신뢰와 친근함, 감정적 연결을 원한다. 또한, 변화에 민감하며 신중한 결정을 선호한다.

이들과 소통할 때는 신뢰 구축에 중점을 둔다. 개인적인 관심을 보여주고, 신뢰를 구축한다. 고객의 관심사와 배경에 관해 대화를 나눈다. 예를 들어 "최근 가족과 휴가를 다녀오셨다고 들었는데, 어떠셨나요?" 같은 질문이 효과적이다.

그리고 감정적 연결을 추구한다. 감정적 연결을 통해 접근하며,

3장 Relationship(관계 구축)

따뜻하고 친근한 태도를 유지한다. 예를 들어 "이 투자 상품은 안전하고 신뢰할 수 있는 선택입니다. 저도 개인적으로 이 상품에 투자하고 있습니다" 같은 대화가 효과적이다.

이와 함께 지속적인 지원을 통해 고객이 편안하게 느낄 수 있도록 한다. "언제든지 궁금한 점이 생기시면 연락주세요. 항상 도와드릴 준비가 되어 있습니다"와 같은 말과 태도가 적합하다.

4) 감정형 고객

감정형 고객은 창의적이고 아이디어와 비전에 관심이 많다. 감정을 중시하고, 열정적이며, 사람들과의 상호작용을 즐긴다. 대화 중 강한 감정적 반응을 보이는 고객은 결정을 내리는 데 있어서 높은 스트레스를 느끼거나, 과거에 부정적인 영향을 받았을 가능성이 크다. 이러한 고객에게는 공감과 배려를 바탕으로 한 상담이 필요하다.

이들에게는 공감과 이해가 필수이다. 고객이 불안감을 표시할 경우, 즉시 공감과 이해를 표현한다. "고객님의 상황을 충분히 이해합니다. 이러한 상황에서 불안하실 수 있다는 것을 잘 알고 있습니다"라고 말하며, 고객의 감정을 인정하고 그들의 입장에서 문제를 해결하려는 노력을 보여준다. 이후 고객의 스트레스를 줄일 수 있는 안전하고 신뢰할 수 있는 솔루션을 제안하며, 불필요한 리스크를 피할 수 있도록 안내한다.

고객의 심리적 프로파일링을 바탕으로 맞춤형 상담을 제공하는 것은 고객의 니즈를 정확히 파악하고, 신뢰를 구축하는 데 필수적이다. 고객의 복장, 말투, 감정 상태 등을 세심하게 관찰하고, 이를 바탕으로 한 맞춤형 전략을 제시함으로써, 고객 만족도를 높이고 장기적인 파트너십을 구축할 수 있다. 이러한 맞춤형 상담 전략은 고객의 성공을 지원하고, 나의 신뢰와 명성을 강화하는 데 기여할 것이다.

세분화된 고객 소통 전략

앞에서 고객을 4가지 유형으로 크게 분류하여 각각의 소통 방법에 대해 알아보았다. 지금부터는 고객의 성향을 더 세분화하여 각각 어떻게 커뮤니케이션하는 것이 효과적인지 살펴보자.

전문가처럼 보이고 싶어 하는 고객

자신이 전문가라는 인상을 전하고 싶어 하는 고객이 있다. 이들은 자신의 지식과 능력을 인정받고 싶어 한다. 전문 용어를 즐겨 사용하며 최신 정보를 이야기한다.

전문가 이미지를 선호하는 고객에게는 그의 지식과 의견을 존중하고 인정하는 것이 기본이다. 의견을 경청하고, 전문 용어를 사용하여 대화를 이어간다. 그의 발언에 대해 수긍하며 칭찬하는 것은 기본이다. "고객님, 이해가 빠르셔서 제가 설명하기 너무 수월합니다." "보통 이런 부분까지는 잘 모르시는데…. 대단하십니다. 이 분야 공부를 많이 하셨나 봅니다." 이런 발언이 적합하다.

주의할 점이 있다. 칭찬하면서 자존심을 건드리지 않아야 한다.

포인트 하나를 짚자면, 중저음 톤으로 문제 해결 중심의 방법을 제시하는 것이 효과적이다. 전문가 이미지를 선호하는 고객은 목소리 톤이 높은 사람을 별로 좋아하지 않는 경향이 있다. 중저음 톤에 신뢰를 느끼고 대화가 잘된다고 생각하곤 한다. "고객님께서 말씀하신 포트폴리오 다변화 전략은 매우 인상적입니다. 고객님의 의견을 반영하여 더 구체적인 계획을 세워보겠습니다"와 같이 진중하게 이야기하면 설득력이 높다.

전문가 이미지를 표현하고자 하는 고객에게는 심화된 정보를 제공하면 좋다. 고객이 원하는 심도 있는 정보와 최신 동향을 제공한다. 이를테면 "현재 시장에서 주목받고 있는 몇 가지 투자 기회를 공유해드리겠습니다. 이 자료는 최신 경제 보고서에서 발췌한 내용입니다" 등과 같이 말한다.

또한, 일방적 설명보다는 협력적 접근이 효과적이다. 고객과 함께 협력하여 최적의 계획을 세우고 솔루션을 만들어간다는 접근법이 바람직하다. 이때 "고객님의 전문적인 지식을 바탕으로 저희와 함께 최적의 투자 전략을 만들어나가면 좋겠습니다"와 같이 말하면 효과적이다.

우유부단한 고객

결정을 내리는 데 시간이 많이 걸리는 고객이 있다. 이들은 여러 옵션을 놓고 고민하며, 확신하기 어려워한다. 그리고 의사결정을 자주 변경하기도 한다. 언뜻 무난해 보이지만 관리가 안 된다고 느끼면 예민해지는 성향이다.

우유부단한 고객에게는 명확하게 옵션을 제시하는 게 좋다. 여러 옵션을 분명하게 제시하고, 각 옵션의 장단점을 설명한다. 선택형 질문을 유도하면 효과적이다. 열린 답변으로 질문하면 확실하게 답하지 못하는 성향이기 때문에 시간만 끌 확률이 높다. 선택형 질문을 한 후 규정이나 근거를 성실하게 안내한다. 사례와 예시를 들어 설명하면 설득력이 높다. 관리받지 못한다고 느낄 때 예민해지는 성향이기 때문에 사후 조치까지의 관리로 신뢰감을 형성할 필요가 있다.

이렇게 이야기하는 게 바람직하다. "고객님, 두 가지 투자 옵션이 있습니다. 첫 번째는 안정적인 수익을 기대할 수 있는 A 상품, 두 번째는 다소 리스크가 있지만 높은 수익을 기대할 수 있는 B 상품입니다. 어느 쪽을 구체적으로 설명해드릴까요?"

의사결정을 도와주는 도구나 기준을 제공하고 예시를 들어 설명한다. 예를 들어 이렇게 말한다. "이 표는 각 옵션의 예상 수익률과 리스크를 비교한 것입니다. 고객님의 재정 목표와 리스크 수용도를 고려하여 선택하시면 좋겠습니다."

우유부단한 고객에게는 충분한 시간을 주어 고객이 스스로 결정을 내릴 수 있도록 한다. "충분히 생각해보시고, 다음 주에 다시 만나서 최종 결정을 내리시면 어떨까요?"나 "언제든지 궁금한 사항은 바로 연락 주세요. 차 한잔 드시러 나오세요" 등과 같이 말하는 게 효과적이다.

위험 회피형 고객

위험을 회피하고 안전한 선택을 선호하는 고객 유형이 있다. 이들은 리스크에 대한 우려가 크며 안정적이고 예측 가능한 결과를 원한다.

이런 고개들에게는 안정성을 강조하는 화법이 효과적이다. 안정적인 옵션과 리스크 관리 전략을 설명한다. "이 투자 상품은 지난 10년간 안정적인 수익을 기록해왔습니다. 원금 보장 같은 리스크 관리 방안도 철저하게 마련되어 있습니다."

리스크에서 대해서도 분명하게 설명하는 게 좋다. 즉, 리스크와 관련된 정보를 명확하게 제공하고 리스크 완화 방안을 덧붙여 설명한다. 이를테면 "고객님의 투자는 다양한 자산에 분산 투자되어 리스크가 최소화됩니다. 또한, 정기적으로 포트폴리오를 점검하여 변동성을 줄이고 있습니다"와 같이 말한다.

고객의 불안을 이해하고, 안심시켜 주는 태도를 유지하는 게 커뮤니케이션의 기본이다. "고객님, 걱정하시는 부분을 잘 이해합니다. 이 상품은 고객님의 안전한 투자 목표에 부합하는 최적의 선택입니다"와 같이 말한다.

적극적이고 공격적인 고객

높은 효과와 수익을 기대하며, 공격적인 전략을 선호하는 고객도 있다. 이들은 리스크를 감수할 의지가 있으며, 새로운 기회에 관심이 많다.

적극적인 고객에게는 혁신적 방안을 제안하는 게 좋다. 새로운 기회와 혁신적 전략 등을 제시한다. "현재 시장에서 큰 성장 잠재력을 보이는 신흥 시장에 투자하는 것을 고려해보시면 좋겠습니다. 여기 몇 가지 추천해드릴 만한 종목이 있습니다"와 같이 말한다. 또한,

리스크에 대해 말하며 뒤따르는 보상에 대해서도 자세히 알려준다. "이 투자는 높은 수익을 기대할 수 있지만, 변동성이 큽니다. 리스크를 감수할 의향이 있으시다면 큰 이익을 얻을 기회입니다." 이런 화법이 적절하다.

공격적인 고객이라고 해서 무작정 위험한 선택을 권해서는 안 된다. 구체적인 데이터와 분석을 통해 신뢰를 구축하는 게 바람직하다. "지난 5년간 이 상품의 연평균 수익률은 23%였습니다. 상세한 분석 자료를 제공해드리니 검토해보시기 바랍니다"와 같이 말하는 게 좋다.

관계 중시형 고객

인간관계를 중요시하는 고객이 있다. 이들은 친근하고 신뢰할 수 있는 관계를 원한다. 그리고 감정적 연결을 중시하며 장기적인 관계를 선호하는 특징이 있다.

이런 성향의 고객과 소통할 때는 개인적 관심을 화제에 포함하는 것이 좋다. 고객의 개인적 관심사와 배경에 관해 이야기를 나누며 친밀한 관계를 구축한다. 상품을 설명할 때 비슷한 지인의 사례를 덧붙이면 효과적이다. "고객님, 최근 가족 여행은 어떠셨나요? 정말 즐거운 시간이셨길 바랍니다"와 같은 대화가 좋다.

관계 중시형 고객과는 정기적인 소통을 이어가는 게 바람직하다. 정기적으로 연락하고 만나면서 지속적인 관계를 유지한다. "고객님의 투자 현황을 정기적으로 업데이트해드리겠습니다. 다음 주에 한번 만나 뵈면 좋겠습니다"라고 제안하는 것이 효과적이다.

또한, 고객의 감정을 이해하고 공감하며, 이에 따른 지원을 제공할 수 있으면 좋다. "고객님, 최근 시장 변동으로 불안하셨죠? 함께 상황을 점검하고 최선의 대책을 마련해보겠습니다"라고 말하면 정서적 안정을 주는 데 도움이 될 것이다.

자율형 고객

자신의 결정을 중시하며, 스스로 의사결정을 내리기를 원하는 고객 유형이 있다. 이들은 강한 독립성을 가지고 있으며, 정보를 충분히 제공받고 독립적으로 판단하는 것을 선호한다.

이들에게는 충분한 정보를 제공하여 고객이 독립적으로 결정을 내릴 수 있도록 지원한다. "고객님께서 모든 정보를 충분히 검토하실 수 있도록 자세한 자료를 준비했습니다. 필요하신 추가 정보가 있으면 언제든지 알려주세요"와 같이 말하는 게 효과적이다.

항상 고객의 결정을 존중하고, 독립적인 판단을 지원하는 게 원칙이다. "고객님의 판단을 믿습니다. 어떤 결정을 내리시든지 항상 지원해드리겠습니다"와 같이 말한다. 또한, 고객의 자율성을 인정하고, 이에 대해 강조하면 좋다. "고객님께서 스스로 결정하시는 것이 가장 중요합니다. 저는 고객님께 필요한 정보를 제공하고, 최선의 결정을 도와드리는 역할을 하겠습니다"라고 말하면 설득력이 높다.

과장하거나 가정해서 말하는 고객

우리는 곤혹스러운 고객을 만날 때가 있다. "언제 그렇게 말했어요? 난 전혀 들은 적이 없는데요." 이렇게 우기면 난감하기 이를 데 없다.

이럴 때는 어떻게 대응해야 할까? 정면으로 부정하며 맞서는 것은 효과적이지 않다. 우회적으로 말하며 근거 자료와 제시 방법을 활용하는 게 효과적이다. 이를테면 "그때 포스트잇에 적어서 드렸었는데요"나 "회사 봉투에 모두 담아서 드렸었는데…" 등과 같이 상황이나 사물을 통해 기억을 환기하는 게 바람직하다.

요컨대, 고객 유형별 맞춤형 응대 전략을 통해 각기 다른 성향과 요구를 가진 고객에게 효과적으로 대응할 수 있다. 전문가처럼 보이고 싶어 하는 고객에게는 지식을 존중하고 심화된 정보를 제공하며, 우유부단형 고객에게는 명확한 옵션과 결정을 지원한다. 위험 회피형 고객에게는 안정성과 리스크 관리를 강조하고, 적극적 투자형 고객에게는 혁신적 투자 기회와 데이터를 제시한다. 관계 중시형 고객에게는 개인적 관심과 정기적 소통을 유지하며, 자율형 고객에게는 충분한 정보를 제공하고 자율성을 존중한다. 이러한 맞춤형 접근 방식은 고객과의 관계를 강화하고, 높은 성과를 달성하는 데 도움이 된다.

감정 연결의 중요성: 말보다 감정을 연결해야 한다

성공하는 비즈니스맨들은 무의식적으로 고객의 뇌와 자신의 뇌를 연결시키는 능력을 가지고 있다. 그들은 제품을 파는 것이 아니라 뇌와 뇌 사이의 다리를 놓는다. 그들에게서 말보다 감정을 연결하는 능력을 배울 수 있다.

감정이 논리보다 6배 빠르다

인간의 뇌에서 감정을 처리하는 편도체는 논리를 담당하는 전두엽보다 6배 빠르게 작동한다. 고객이 당신을 처음 만나는 순간, 논리적 판단이 시작되기 전에 이미 감정적 판단이 끝나 있다. '이 사람을 좋아할까, 싫어할까?', '편안할까, 불편할까?'가 0.1초 만에 결정된다.

아무리 완벽한 논리와 데이터를 준비해도, 감정적 연결이 없으면 고객의 뇌는 그 정보를 거부한다. 반대로 감정적 연결이 형성되면, 다소 부족한 정보라도 긍정적으로 해석하려 한다.

기억은 감정의 색깔로 저장된다

————

뇌과학자들의 연구에 따르면, 인간은 감정 없이는 기억을 제대로 저장하지 못한다. 감정이 함께한 경험은 평생 기억되지만, 감정이 없는 정보는 24시간 내 75%가 사라진다.

고객이 당신과의 만남을 긍정적 감정과 함께 기억한다면, 그 기억은 오래도록 생생하게 남는다. 하지만 감정적 연결 없이 단순히 정보만 전달했다면, 고객은 며칠 후 당신이 무엇을 말했는지조차 기억하지 못한다.

저항은 감정적 방어막이다

————

고객이 "아니다", "안 된다", "필요 없다"라고 말하는 것은 대부분 논리적 판단이 아니라 감정적 방어다. 낯선 사람에 대한 경계심, 변화에 대한 두려움, 실패에 대한 불안감이 "No"라는 말로 표현되는 것이다.

감정적 연결이 형성되면 이런 방어막이 자연스럽게 낮아진다. 고객이 '이 사람은 안전하다'고 감정적으로 느끼는 순간, 논리적 설득도 훨씬 쉬워진다.

결정은 감정으로 내리고 논리로 합리화한다

행동경제학자들의 연구에 따르면, 인간의 95%의 결정은 무의식적으로, 즉 감정적으로 내려진다. 논리는 그 결정을 사후에 합리화하는 도구일 뿐이다.

고객이 당신 제품을 '사겠다'고 결정하는 순간은 감정적 순간이다. 그 후에 '가격이 합리적이다', '기능이 좋다', '필요하다' 등 논리적 이유를 찾아 자신의 감정적 결정을 정당화한다.

감정적 연결이 장기적인 관계에 영향을 미친다

일회성 거래는 논리만으로도 가능하지만, 장기적 관계는 반드시 감정적 기반이 필요하다. 고객이 당신을 다시 찾는 이유, 다른 사람에게 추천하는 이유는 모두 감정적 유대에서 나온다.

감정적으로 연결된 고객은 단순한 구매자를 넘어 파트너가 된다. 그들은 당신의 성공을 자신의 성공처럼 여기고, 당신의 제품을 자신의 선택에 대한 자부심으로 여긴다.

AI가 대체할 수 없는 것

제품과 서비스가 점점 비슷해지는 시대에, 감정적 연결은 마지막 차별화 요소다. 같은 품질, 같은 가격이라면 고객은 감정적으로 연결된 사람을 선택한다.

AI와 디지털 기술이 아무리 발달해도 대체할 수 없는 영역이 바로 감정적 연결이다. 기계는 정보를 전달할 수 있지만, 마음과 마음을 연결할 수는 없다.

결국, 감정 연결은 선택이 아니라 필수다. 인간의 뇌가 그렇게 설계되어 있고, 인간의 행동이 그렇게 작동하기 때문이다. 감정 연결을 무시하는 것은 인간 본성을 무시하는 것과 같다.

인사이트를 끌어내는
질문 기술

질문의 힘은 위대하다. 김혜민의 『좋은 질문의 힘』이라는 책은 좋은 질문이 좋은 관계를 만들고 좋은 사람과 좋은 기회를 가져온다고 강조한다. '질문'이라는 매개체를 통해 타인과의 연결, 나 자신과의 대화, 사람을 대하는 태도, 좋은 관계를 만들어갈 수 있다고 말한다.

　나는 좋은 질문이 인사이트를 끌어낸다고 믿는다. 이런 질문은 단순히 정보 수집을 넘어, 고객이 스스로 새로운 깨달음을 얻고 깊은 통찰을 하도록 돕는 강력한 도구다. 또한, 고객의 생각을 확장시키고, 그들의 숨은 필요와 목표를 더 명확하게 드러낸다. 적절한 질문을 통해 상대방이 자신에 대해 새로운 시각을 가지게 하는 것은 더 깊은 신뢰와 협력 관계를 구축하는 데 매우 효과적이다.

'경계 밖 질문' 사용하기

안전지대를 벗어나게 하는 질문

고객이 평소에 생각하지 않던 새로운 관점에서 자신의 상황을 바라보도록 유도하는 질문을 사용한다. 예를 들어 "고객님께서는 재정 상황이 전혀 문제가 되지 않는다면, 지금과 어떻게 다르게 행동하실까요?"라는 질문을 통해, 고객이 재정적 결정에서 중요시하는 가치를 재평가하게 만든다.

미래의 자신과 대화하기

고객이 10년 후 또는 은퇴 후의 자신과 대화하는 상황을 상상하게 한다. "10년 후의 고객님께서 지금의 자신에게 조언한다면, 어떤 조언을 해주실 것 같으신가요?"라는 질문을 통해, 장기적인 비전을 다시 한번 생각하게 만든다.

'왜?'를 넘어서기

계속되는 '왜' 질문

'왜?'라는 질문을 반복해서 던짐으로써 고객이 자신의 진정한 동기와 목적을 깊이 이해하게 한다. "그 결정을 왜 내리셨나요?", "그렇게 결정하게 된 이유는 무엇인가요?", "그리고 그 이유는 무엇 때문인가요?"와 같이, 최소 세 번의 '왜?'를 반복하여 고객의 핵심 동기를 탐구한다.

숨겨진 감정 드러내기

"이 결정을 내리게 한 감정은 무엇인가요?"와 같은 질문을 통해, 고객이 자신의 결정에 감정적으로 어떻게 반응하고 있는지를 드러내도록 돕는다.

'역설적 질문' 활용

의도적으로 역설적인 질문 던지기

고객의 현재 생각과 상반되는 질문을 던져 그들이 자신의 가정을 재검토하게 한다. 예를 들어 "고객님께서 현재 선택하신 전략이 실패할 가능성이 가장 크다면, 어떤 대안을 고려하시겠습니까?"라는 질문을 통해, 고객이 다양한 시나리오를 생각하게 하고 더 나은 전략을 도출하게 만든다.

반대 시나리오 제시

"고객님께서 생각하시는 것과 정반대의 상황이 발생한다면, 어떻게 대처하실 계획이신가요?"와 같은 질문을 통해, 고객이 단일한 관점에서 벗어나 여러 가능성을 탐색하도록 유도한다.

내면의 목소리 탐구

___

고객의 내면적 동기와 대화

고객이 스스로 질문에 답하면서 내면의 진정한 목소리를 탐구하도록 돕는다. "이 결정을 내리실 때, 고객님의 내면의 목소리는 무엇이라고 말하고 있나요?"와 같은 질문을 통해, 고객이 자신이 하는 선택에 대한 진정한 감정을 이해하도록 돕는다.

상반된 감정 탐색

고객이 특정 결정을 내리기 전에 느꼈던 상반된 감정을 탐색하게 한다. "고객님께서 이 결정을 내리기 전에 두 가지 상반된 감정 중 하나를 선택해야 했다면, 그 감정들은 무엇이었나요?"라는 질문으로, 고객이 결정을 내리면서 겪었던 내부 갈등을 드러낸다.

질문을 통한 특별함과 차별성 추구

___

앞에서 설명한 질문 기법들은 고객이 단순히 현재 상황을 설명하는 차원을 넘어선다. 자기 생각과 감정을 깊이 있게 탐구하고 새로운 인사이트를 얻도록 돕는다. 이를 통해 고객은 당신을 단순한 조언자가 아닌, 자신을 이해하고 진정한 필요를 발견하는 데 도움을 주는 파트너로 인식하게 된다. 이러한 접근법은 대화를 더 의미 있고 깊이 있게 만들어, 관계를 강화하고 신뢰를 더욱 공고히 하는 데 기여한다.

___

고객에게 각인되는
스토리텔링 화법

숫자는 잊어도 이야기는 기억한다

인간의 뇌는 데이터를 기억하는 것보다 이야기를 기억하는 데 65배
더 효과적이다. 왜냐하면 이야기는 감정과 논리를 동시에 자극하기
때문이다. 청각 영역만 활성화되는 것이 아니라, 이야기 속 상황을
실제로 경험하는 것처럼 뇌의 여러 영역이 동시에 작동한다.

예를 들어, "커피 향이 진동했다"라는 말을 들으면 후각 담당 뇌
영역이 활성화된다. "그는 거친 벽을 만졌다"라고 하면 촉각 영역이
반응한다. 이런 현상을 '신경 결합(Neural Coupling)'이라고 한다. 비즈
니스에서 이 현상은 결정적 무기가 된다. 고객이 당신의 이야기를 들
으며 마치 자신이 그 상황을 직접 체험하는 것처럼 느끼게 만들 수
있기 때문이다.

복잡한 개념을 쉽게 전달

———

스토리텔링은 고객의 이해를 돕는 도구이다. 현대 비즈니스의 상품과 서비스는 종종 기술적이고 복잡한 개념을 포함한다. 스토리텔링은 이러한 복잡한 정보를 쉽게 이해할 수 있는 이야기로 변환하여, 고객이 더 잘 이해하게 도움을 준다. 이때 고객은 그 전략의 실질적인 효과를 구체적으로 상상하며 자신의 필요에 맞는 결정을 내릴 수 있도록 돕는다.

예를 들어 복잡한 투자 전략을 설명할 때, 비슷한 상황에서 성공한 다른 고객의 이야기를 통해 그 전략의 효과를 쉽게 전달할 수 있다. 이는 고객이 자신에게도 적용 가능한 현실적인 사례를 통해 개념을 이해하는 데 큰 도움이 된다. 이러한 접근은 고객이 자신에게 적용 가능한 현실적인 사례를 통해 금융 상품과 서비스에 대한 이해를 높이는 데 크게 기여한다.

감정적 연결 강화

———

스토리텔링은 신뢰 형성에도 효과적이다. 비즈니스는 고객의 돈과 관련된 매우 개인적이고 감정적인 주제이다. 그런 점에서 스토리텔링을 통해 고객의 감정에 공감하고, 그들의 필요와 두려움을 이해하고 있음을 보여줄 수 있다. 이는 고객과의 신뢰 관계를 강화하는 데 필수적이다.

고객이 겪고 있는 재정적 어려움이나 고민에 대해 공감하는 이야기를 공유함으로써, 고객은 자신이 이해받고 있다는 느낌을 받을 수 있다. 이는 고객이 당신을 신뢰하게 만드는 중요한 요소이다. 스토리텔링은 감정적인 연결을 강화하며, 고객이 당신을 신뢰할 수 있는 파트너로 인식하도록 만든다.

고객의 참여 유도

스토리텔링은 고객이 대화에 더 적극적으로 참여하도록 유도한다. 이야기를 통해 고객이 자신의 경험을 공유하거나, 자신만의 이야기를 만들어가는 과정을 통해 더 깊이 있는 관계를 구축할 수 있다. 예를 들어 "이런 상황에서는 다른 고객이 이렇게 대처하셨는데, 고객님께서는 어떻게 생각하시나요?"라고 질문함으로써, 고객이 자신의 의견을 적극적으로 표현하도록 유도할 수 있다.

결정을 더 쉽게 하도록 돕기

스토리텔링은 고객이 복잡한 결정을 내릴 때, 그 결정을 더 쉽게 만들도록 도와준다. 고객은 이야기 속에서 자신과 비슷한 상황에 처한 인물을 통해 결과를 상상하고, 그 결과가 자신의 상황에 어떻게 적용될지 생각하게 된다. 특정 상품을 선택해야 할 때, 다른 고객이 그 상품을 선택한 후 어떤 결과를 경험했는지 이야기를 통해 설명하면, 고객이 선택의 결과를 더 명확하게 이해할 수 있다.

브랜드 이미지 구축과 전문가로서의 인식 강화

———

스토리텔링은 차별화된 이미지 구축에 도움이 된다. 스토리텔링을 효과적으로 활용하면, 고객에게 단순한 비즈니스맨 이상으로 인식될 수 있다. 스토리텔링은 고객에게 전문가로서의 깊이 있는 지식과 경험을 보여주고, 차별화된 이미지를 구축하는 데 도움이 된다. 고객이 특정 결정을 내리기 전, 전문가가 자신의 경험담이나 성공 사례를 통해 조언을 주는 방식은 고객에게 그 전문가가 신뢰할 수 있는 파트너라는 인식을 심어준다.

장기적인 관계 구축

———

스토리텔링을 통한 고객과의 대화는 단기적인 정보 전달에 그치지 않고, 장기적인 관계로 발전시키는 데 효과적이다. 고객의 이야기를 지속적으로 듣고, 그들의 삶의 변화에 맞춘 맞춤형 이야기를 제공함으로써, 고객과의 관계는 시간이 지남에 따라 더 깊어지고 지속 가능해진다. 고객과 처음 만났을 때부터 이후 함께 성과를 올리는 장기적인 이야기를 통해, 고객이 계속해서 협력하고 싶어지게 만든다.

스토리텔링의 다크사이드: 절대 하면 안 되는 3가지

————

1) 과장된 영웅담

자신을 너무 완벽한 영웅으로 그리면 오히려 신뢰를 잃는다. 실수나 약점도 솔직하게 포함시켜야 진정성이 느껴진다.

2) 지나친 디테일

"그때가 2020년 3월 15일 목요일 오후였는데…" 이런 식의 불필요한 디테일은 몰입을 방해한다.

3) 결론 없는 이야기

아무리 재미있는 이야기라도 명확한 교훈이나 메시지가 없으면 시간 낭비일 뿐이다.

스토리의 마지막 비밀: 침묵의 힘

————

최고의 스토리텔러들은 언제 말을 멈춰야 하는지 안다. 이야기가 끝난 후 3~5초간의 침묵이야말로 진짜 마법이 일어나는 순간이다.

이 침묵 동안 고객은 방금 들은 이야기를 자신의 상황에 대입해본다. 그리고 스스로 결론을 내린다. 자신이 내린 결론은 타인이 강요한 결론보다 100배 강력하다.

스토리텔링은 설득이 아니라 경험을 선사하는 것이다. 고객이 당신의 이야기 속에서 자신의 미래를 발견하는 순간, 진정한 관계가 시작된다.

고객의 마음 지도를 그리는
프로파일링의 힘

고객의 성향, 관심사, 그리고 커뮤니케이션 스타일에 맞춘 맞춤형 접근을 통해 소통할 때, 고객은 자신이 개인적으로 존중받고 있다고 느끼게 된다. 이는 더 깊은 신뢰를 형성하고, 장기적인 파트너십으로 이어지는 중요한 기회가 된다.

고객 프로파일링

고객 프로파일링은 맞춤형 소통의 출발점이다. 각 고객의 선호도, 목표, 소통 스타일을 분석하여, 그들에게 가장 적합한 소통 전략을 세운다. 예를 들어, 일부 고객은 이메일이나 문자 메시지를 통해 정보를 받기를 선호하는 반면, 다른 고객은 전화나 대면 미팅을 통한 직접적인 소통을 원할 수 있다. 이러한 차이를 이해하고 반영하는 것이 중요하다.

예를 들어, 한 고액 자산가 고객은 바쁜 일정 때문에 주로 이메일을 통해 소통을 원했다. 금융 전문가는 이 고객의 선호도를 반영해, 중요한 투자 기회가 있을 때마다 요약된 보고서를 이메일로 전달하고, 고객이 시간을 낼 수 있을 때 별도의 대면 미팅을 제안했다. 이를 통해 고객은 자신의 요구가 존중받고 있다는 느낌을 받았고, 신뢰 관계가 더욱 강화되었다.

맞춤형 메시지 제공

———

고객의 관심사와 목표에 맞춘 맞춤형 메시지는 고객이 필요로 하는 정보를 적시에 제공하는 데 중요한 역할을 한다. 고객의 삶의 우선순위와 관련된 정보를 제공함으로써, 고객이 실질적인 도움을 받고 있다는 느낌을 강화할 수 있다.

예를 들어, 자녀 교육 자금 마련에 집중하고 있는 한 고객에게 최신 학자금 대출 옵션과 관련된 세제 혜택에 대한 정보를 맞춤형으로 제공했다. 이 정보는 고객의 상황에 매우 유용했고, 고객은 그가 자신의 목표를 깊이 이해하고 있다는 것을 느끼게 되었다. 그 결과 고객은 추가적인 재정 계획에 대해서도 상담을 요청하며 장기적인 협력을 기대하게 되었다.

특별한 날 기념

———

고객의 생일이나 중요한 기념일을 기억하고 축하 메시지를 보내는 것은 고객이 개인적으로 존중받고 있다는 느낌을 강하게 받게 하는 방법이다. 이는 작은 제스처일 수 있지만, 고객과의 관계를 깊게 만드는 데 큰 영향을 미친다.

한 비즈니스맨은 고객의 결혼기념일을 축하하기 위해 고객이 자주 이용하는 레스토랑에서의 특별한 저녁 식사를 예약해주었다. 이 이벤트는 고객의 라이프스타일과 취향을 반영한 맞춤형 선물이었다. 고객은 이 배려에 깊이 감동했고, 이를 계기로 그와의 관계는 더욱 돈독해졌다. 이후 이 고객은 가족과 친구들에게 그를 적극 추천하며 신뢰도를 높였다.

고객의 성장과 변화에 맞춘 지속적 소통

———

고객의 상황과 목표는 시간이 지남에 따라 변화할 수 있다. 비즈니스맨은 고객의 성장과 변화에 맞춰 지속해서 소통 전략을 업데이트하고, 이를 통해 장기적인 관계를 유지할 수 있다.

예를 들어, 한 고객은 처음에는 단순한 저축 계획을 원했으나, 시간이 지나면서 자산 관리와 투자에 관심을 갖게 되었다. 금융 전문가는 이 변화에 맞춰 초기에는 기본적인 저축 정보를 제공했지만, 점차 고객의 투자 성향에 맞춘 포트폴리오 제안을 시작했다. 고객은 자신의 성장과 변화가 전문가에게 반영되고 있다는 것을 느끼며, 더욱 적극적으로 금융 계획을 논의하게 되었다.

고객의 커뮤니티 참여와 연결
———

고객이 속한 커뮤니티나 네트워크를 이해하고, 그들과의 관계를 강화하는 기회를 제공하는 것도 맞춤형 소통의 중요한 요소다. 이를 통해 고객은 자신이 소속감을 느끼는 커뮤니티 내에서의 역할을 강화할 수 있으며, 비즈니스맨은 이러한 연결을 통해 더 넓은 관계망을 구축할 수 있다.

사례 하나를 보자. 한 고객이 지역 비영리단체 이사회에 참여하고 있다는 사실을 알게 된 비즈니스맨은 그 단체의 주요 행사에 후원자로 참여했다. 이 지원은 고객의 가치관과 커뮤니티에 대한 헌신을 존중하고 강화하는 제스처로, 고객은 자신의 커뮤니티 내에서의 역할을 더 중요하게 느끼게 되었다. 이로 인해 고객과 비즈니스맨 간의 관계는 한층 더 깊어졌으며, 고객은 자신의 네트워크 내에서 그 비즈니스맨을 적극 추천하게 되었다.

여러 사례를 통해 보듯 맞춤형 소통은 고객이 자신이 존중받고 있으며, 그들의 필요와 목표가 진정으로 이해되고 있다는 확신을 주는 데 필수적이다. 이러한 소통 전략은 고객과의 관계를 더욱 깊고 지속 가능하게 만들어, 장기적인 성공과 신뢰를 구축하는 기반이 된다.

✳

감사 표현으로 여운 남기기

고객에게 감사의 마음을 전할 때는 단순히 그러한 메시지를 전달하는 것을 넘어, 고객이 진정으로 특별하게 느낄 수 있도록 만들어야한다.

체험 기반 감사 표현

고객이 해당 비즈니스와 관련된 특별한 경험을 직접 체험할 수 있도록 감사의 의미를 담아 제공한다. 고객이 단순히 메시지를 받는 것이 아니라, 감사의 표시로 특별한 경험을 할 수 있게 함으로써 기억에 남는 감사를 전달하게 된다.

VIP 이벤트 초대

특정 고객이나 장기 고객에게만 초대권을 제공하는 독점적인 이벤트를 개최한다. 예를 들어, 유명 경제 전문가의 강연이나 프리미엄 와인 시음회와 같은 행사에 고객을 초대해 감사의 마음을 표현한다.

웰니스·웰빙 프로그램

고객의 재정 상황이나 건강을 개선하는 특별 프로그램을 제공하여, 그들의 장기적 성공을 돕는다. 예를 들어, 개인 맞춤형 재정 관리 세미나나 건강 관리 워크숍에 초대해 고객의 재정적 목표나 건강 관리를 지원한다.

맞춤형 여행 패키지

특정 고객에게 그들의 관심사에 맞춘 맞춤형 여행 패키지를 제공하는 것은 고객의 라이프스타일을 반영한 특별한 경험을 선사한다. 예를 들어, 서비스 연계로 제공되는 럭셔리 크루즈 여행이나 문화 탐방 여행 등을 제공할 수 있다.

커뮤니티 기여 기반 감사 표현

고객이 자랑스럽게 여길 수 있는 사회적 책임 활동을 통해 감사를 표현할 수 있다. 고객의 이름으로 사회에 기여하는 활동을 진행함으로써, 고객이 자신이 하는 활동이 긍정적인 사회적 영향을 미친다는 것을 느낄 수 있게 한다.

기부 프로그램 참여

고객의 이름으로 자선단체에 기부하거나, 특정 사회적 문제를 해결하기 위한 프로젝트에 기부하는 프로그램을 제공한다. 고객이 중요하게 생각하는 가치나 관심사와 일치하는 단체에 기부를 진행해, 고객이 더 의미 있는 방식으로 감사의 마음을 받도록 한다.

사회적 프로젝트 후원

고객과 함께 지역사회 발전을 위한 프로젝트를 후원한다. 예를 들어, 고객이 낸 수수료의 일부를 고객이 선택한 사회적 프로젝트에 기부하는 방식이 있다. 이로 인해 고객은 자신의 재정 활동이 사회에 긍정적인 영향을 미치고 있음을 느끼게 된다.

환경보호 활동

환경보호에 기여하는 프로그램에 고객의 이름을 올리거나, 고객의 이름으로 나무 심기와 같은 활동을 지원한다. 예를 들어, "고객님의 이름으로 나무 한 그루를 심었습니다"라는 메시지와 함께 인증서를 제공하여 감사의 마음을 전달할 수 있다.

지식 공유 기반 감사

고객에게 감사의 의미로 특별한 지식이나 인사이트를 제공하여, 그
들의 전문적 이해도를 높이고 더 나은 의사결정을 내릴 수 있도록 돕
는다.

프라이빗 세미나 초대

최신 트렌드, 경제 전망, 또는 투자 전략에 대한 프라이빗 세미나에
고객을 초대하여, 그들이 시장에서 앞서갈 수 있는 정보를 제공한다.
이는 고객에게 유용한 정보를 제공함으로써, 감사의 마음을 전달하
는 동시에 그들의 재정적 성공을 지원한다.

전문가 1:1 컨설팅

특정 고객에게 감사의 표시로 관심 전문가와 1:1 맞춤형 컨설팅 기회
를 제공한다. 이를 통해 고객은 개인적인 관심사에 대한 전문적인 조
언을 받을 수 있으며, 이 과정에서 감사를 느끼게 된다.

독점 보고서 제공

고객만을 위한 특별 정보 보고서나 시장 분석 자료를 제공하여, 그들
이 의사결정을 내리는 데 도움을 준다. 예를 들어, 고객의 투자 포트
폴리오와 관련된 맞춤형 보고서를 제공하여 그들의 신뢰를 강화할
수 있다.

개인 맞춤형 감사

고객의 개인적인 성취나 중요한 순간을 축하하는 맞춤형 감사의 표현을 통해 고객이 특별하게 느낄 수 있도록 한다. 이는 고객의 개별적인 상황과 성과를 인정하고, 그에 맞춘 감사를 표하는 방식이다.

기념일 축하

고객의 생일, 결혼기념일, 또는 자녀의 졸업과 같은 개인적인 기념일을 축하하며, 맞춤형 감사 카드를 보내거나 작은 선물을 제공하여 고객의 특별한 날을 함께 기념한다.

성취 인식

고객이 중요한 목표를 달성했을 때, 이를 축하하는 메시지를 보내거나 소정의 기념품을 제공하여 그들의 성취에 존경을 표시한다. 예를 들어 "고객님의 끊임없는 도전으로 목표하신 박사학위 취득을 축하드립니다. 고객님의 노력과 성취를 진심으로 존경합니다"라는 메시지와 의미를 둔 선물로 마음을 전한다.

개인 관심사 반영

고객의 관심사나 취미에 맞춘 특별한 선물을 제공한다. 예를 들어, 와인 애호가인 고객에게 감사의 표시로 프리미엄 와인 세트를 보내거나, 책을 좋아하는 고객에게 특별한 에디션의 도서를 선물한다.

이러한 접근 방법들은 고객이 단순한 감사의 표현을 넘어, 자신이 중요한 존재로 인정받고 있음을 느끼게 하며, 고객과의 관계를 더 깊이 있고 지속 가능하게 만들어준다.

관계는 복리로 불어난다

한 사람과 진짜 관계를 맺으면, 그 사람을 통해 10명을 만난다.

그 10명을 통해 100명을 만난다.

100명을 통해 1,000명과 연결된다.

하지만 여기서 중요한 건 '진짜 관계'다.

명함을 1,000장 모으는 것과 진심으로 연결된 사람 10명을 만드는 것.

어느 쪽이 더 강력할까?

답은 명확하다. 진심으로 연결된 10명이 당신을 위해 움직일 때,

그 파급효과는 상상을 초월한다.

기술로 시작해서 마음으로 끝나는 사람.

전략으로 관심을 끌고 진심으로 마음을 얻는 사람.

첫 만남은 인상적이지만 마지막 작별은 아쉬운 사람.

관계의 마법은 지금 시작된다.

당신이 다음에 만날 사람을 생각해보라.

그저 스쳐 지나갈 사람인가?

아니면 평생의 동반자가 될 사람인가?

그 차이를 만드는 건 당신이다.

Emotion

감정 지능

감정 지능은 고객과 깊은 유대감을 형성하고 그들의 필요와 감정을 이해하는 데 중요한 역할을 한다. CORE 전략의 'Emotion'은 고객의 감정을 읽고, 그에 맞추어 대응하며, 감성적인 접근을 통해 고객의 충성도를 높이는 방법을 다룬다.

✳
잊고 내려놓기

TV 프로그램 〈동물의 왕국〉에서 이런 장면을 흔히 볼 수 있다. 아프리카 사바나의 드넓은 초원에서 한 무리의 얼룩말들이 한가로이 풀을 뜯고 있다. 어느 순간 풀숲에 숨어 있던 사자가 전속력으로 그들을 향해 달려온다. 얼룩말들은 혼비백산하여 사방으로 흩어지기 시작한다. 그리고 사자가 추격을 포기할 때까지 죽을힘을 다해 달린다. 그러나 위험이 지나가면 헐떡거리던 숨을 고른 뒤 언제 그랬냐는 듯 다시 평화롭게 풀을 뜯는다.

나는 초식동물들이 맹수에게 쫓기는 장면을 볼 때마다 안타깝고 측은해 보인다. '어떻게 저런 불안한 삶을 살지? 그래서 선 채로 자나?' 같은 생각을 하기도 한다.

하지만 늘 불안에 시달릴 것 같은 얼룩말들은 신경성 위염이나 위궤양에 걸리지 않는다고 한다. 스트레스를 받으면 위장병으로 고

생하는 인간과는 다르다. 위험이 사라지면 바로 평온을 되찾는다. '지금 여기'에만 집중하기 때문이다.

사람이 얼룩말처럼 스트레스 관리를 할 수 있으면 좋겠지만, 대다수는 그렇지 않다. 스트레스 상황이 끝난 후에도 미래의 일이나 과거에 대한 걱정으로 스트레스 반응을 지속시킨다. 복잡한 생각에 휩싸여 만성 스트레스에 시달리며 다양한 건강 문제를 경험한다.

얼룩말이 평온을 가질 수 있는 이유는 무엇일까? 사자의 존재를 인정한다는 것이다. 얼룩말이 이렇게 생각할지도 모르겠다. '어쩔 수 없잖아. 방법이 없어. 오면 피하면 돼. 어차피 사자는 사라지지 않아. 걱정하느니 도망칠 힘을 기르는 게 더 나아.'

그리고 얼룩말은 사자가 사라지면 자기 할 일을 한다. 생존을 놓고 쫓고 쫓기는 처절한 상황이 지나가고 나면 사자는 지친다. 그러면 사자도 쉴 수밖에 없다. 이때 얼룩말은 사자가 지척에 있어도 한가롭게 다시 풀을 뜯어 먹는다. 기운을 차린 사자가 다시 다가오면 그때 또 도망가면 된다는 듯이 말이다.

자신을 공격했던 사자를 떠올리며 분노하지도 않고, '내일 또 사자가 나타나면 어떻게 하나?' 미리 걱정하지도 않는다. 그저 지금 여기에 집중하며 내 할 일을 한다.

인간의 삶에도 사자에 비유할 수 있는 게 존재한다. 이것들이 직장이나 집에 있을 수도 있다. 이런 사자의 존재에 대해 당신은 어떻게 대처하는가? 늘 머릿속에 사자를 넣어 놓고 사는가? '내일 사자를 만나면 어쩌지?' 하는 생각에 밤잠을 설치는가?

내려놓을 줄 알아야 한다. 어차피 사자는 있다. 그러니까 마음속에서라도 사자를 놓아야 한다. 그리고 눈에서 사라지면 사자를 잊어버리는 게 좋다. 얼룩말처럼 말이다.

부정적 상황에서도 긍정을 찾아내는 마음가짐의 힘

현대인의 업무 환경은 변동성이 크고 스트레스가 많다. 이런 상황에서 긍정적인 사고를 유지하는 것은 성공적인 결과를 이끌어내는 중요한 열쇠가 된다. 예를 들어, 주식시장의 급변이나 투자 실패에 직면했을 때, 부정적인 감정에 빠지기보다는 오히려 이를 성장의 기회로 삼을 수 있는 태도가 필요하다.

긍정적인 사고는 단순히 '잘될 거야'라는 막연한 희망이 아니다. 이는 문제를 객관적으로 바라보며 해결책을 찾는 능력과 연결된다. "어떻게 하면 더 나아질 수 있을까?"라는 질문을 던짐으로써 해결 방안을 찾고, 고객에게 더 나은 서비스를 제공할 수 있다. 업계에서 성공하는 사람들은 항상 긍정적인 마인드로 도전에 직면하며, 이를 통해 신뢰를 쌓고 장기적인 관계를 유지한다.

예를 들어, 워런 버핏은 시장의 불확실성 속에서도 침착함과 긍정적인 사고를 유지하면서 장기적으로 큰 성공을 거두었다. 그의 사례는 긍정적인 태도와 지속적인 노력이 성공의 필수 요소임을 보여준다.

긍정 심리학

———

긍정 심리학의 두 가지 핵심 이론인 마틴 셀리그만(Martin Seligman)의 긍정 심리학과 바바라 프레드릭슨(Barbara Fredrickson)의 확장-건설 이론은 비즈니스맨이 현실에 적용하여 활용할 수 있다.

마틴 셀리그만의 긍정 심리학은 압박감과 리스크를 동시에 느끼며 일해야 하는 사람들에게 개인의 강점을 강조하며, 실패보다는 성공 가능성에 집중하게 만든다. 예를 들어, 시장 상황이 불안정하더라도 자신이 가진 분석 능력, 고객과의 신뢰 관계, 혹은 문제 해결 능력 등 긍정적인 면을 인식하고 이를 활용하라고 조언한다. 매일 부정적인 뉴스나 변동성을 접하는 상황에서 긍정적인 태도는 더 나은 의사결정으로 이어질 수 있다. 셀리그만의 연구에 따르면, 긍정적인 사고는 뇌의 창의성과 문제 해결 능력을 향상시킨다. 이는 예상치 못한 위기에 직면했을 때, 빠르고 창의적인 해결책을 찾는 데 큰 도움이 될 것이다. 전문가가 부정적인 감정에 갇히면 문제에 매몰되기 쉽지만, 긍정적인 사고는 미래의 성공에 초점을 맞추고 유연하게 대처할 수 있게 한다.

또한, 프레드릭슨의 확장-건설 이론에 따르면, 긍정적인 감정은 비즈니스맨들에게 더 많은 가능성을 열어주고, 그들이 새로운 기술과 전략을 쌓는 데 도움을 준다. 예를 들어, 긍정적인 감정은 더 나은 소통 능력을 키우고, 다양한 고객의 요구에 유연하게 대응할 수 있는 힘을 제공한다. 이 이론에 따르면, 긍정적인 감정을 느낄 때 사람들은 사고의 폭이 넓어지고, 평소보다 더 다양한 관점에서 문제를 바라볼 수 있다.

실제로 비즈니스맨들은 고객과의 협상, 사업 전략 수립, 시장 변화 적응 등의 과정에서 복합적인 문제를 해결해야 한다. 이때 긍정적인 감정은 단기적인 이익뿐만 아니라 장기적인 관계와 신뢰를 구축하는 데 큰 도움이 된다. 긍정적인 사고는 업무에서 혁신적인 전략을 탐색할 수 있는 여유를 주고, 새로운 기회를 포착하게 해준다. 결국, 긍정적인 태도를 통해 더 창의적이고 경쟁력 있는 해결책을 모색할 수 있다.

긍정 심리학 적용

———

셀리그만의 이론은 개인의 강점과 긍정적 사고의 중요성을 강조하므로, 이를 통해 자기 자신과 팀의 성과를 향상시킬 수 있다.

강점 인식 및 활용

자신의 업무 능력을 객관적으로 평가하고, 특히 성공적인 경험을 통해 자신이 가장 잘할 수 있는 강점을 파악해야 한다. 이를 통해 어려운 상황에서도 자신감을 유지하고 긍정적인 결과를 기대할 수 있다.

팀 내에서 각자의 강점을 이해하고, 이를 바탕으로 업무를 분배한다면 더욱 효율적인 결과를 얻을 수 있다. 예를 들어, 누군가가 고객과의 소통에 강하다면 고객 관리에 집중하게 하고, 분석에 뛰어난 직원은 전략적 투자에 중점을 두게 한다.

긍정적 자기 대화 연습

매일 아침 "오늘은 내가 최고의 결정을 내릴 수 있는 날이다"와 같은 긍정적인 문구를 사용하며, 부정적인 사건에 대해 "이것은 나에게 배움의 기회다"라고 말하며 상황을 재구성해본다. 이러한 긍정적인 자기 대화를 통해 심리적 안정과 성과를 높일 수 있다.

긍정적 언어 습관으로 회복 탄력성을 강화할 수 있다. 실패나 손실에 노출되기 쉬운 상황에서 실패를 '성공으로 가는 과정'으로 인식하고, 실패를 통해 배우는 긍정적인 접근을 통해 더 큰 성장을 이룰 수 있다.

확장-건설 이론 활용 방안

———

프레드릭슨의 이론은 긍정적인 감정이 사고의 폭을 넓히고, 창의성과 문제 해결 능력을 향상시키는 데 주목한다.

긍정적인 업무 환경 조성

사무실 내에서 작은 성공을 축하하거나, 동료들 간에 감사 인사를 주고받는 등 긍정적인 감정을 유발하는 환경을 조성한다. 긍정적인 분위기 속에서 일할 때, 더 창의적인 아이디어가 나오고 문제 해결 능력이 향상된다.

그리고 업무 중 짧은 휴식을 활용한다. 긍정적인 감정을 유지하기 위해 업무 중 간단한 스트레칭, 자연 경관 사진 보기, 음악 듣기 등을 통해 감정을 재충전하는 것도 좋다. 이는 사고의 유연성을 키워주고 장기적으로 새로운 기술을 배우는 데 도움이 된다.

확장된 사고로 새로운 기회 탐색

긍정적인 감정 상태에서 더욱 창의적인 사고를 할 수 있다. 기존에 고수하던 전략만이 아니라, 다양한 상품이나 새로운 시장에 대해 탐색하고 실험적인 시도를 통해 기회를 찾는 자세를 취하는 것이 중요하다.

긍정적인 감정은 더 넓은 관점을 가지고 문제를 바라보게 해준다. 고객과의 갈등 상황이나 업무 실패의 위기를 만났을 때, 이를 다양한 각도에서 접근하여 해결책을 모색할 수 있는 능력이 강화된다. 즉, 긍정적인 사고를 통해 복잡하고 난처한 문제를 해결하는 능력을 키울 수 있게 된다.

긍정적 에너지를 지속시키는
마인드 전략

인지 행동 치료: 생각을 바꾸면 행동이 바뀐다

인지 행동 치료는 부정적인 사고 패턴을 인식하고 이를 긍정적인 것으로 바꾸는 데 중점을 두는 심리 치료 방법이다. 이 방법은 긍정적인 태도를 유지하는 데 큰 도움이 된다. 이 방법은 감정과 생각을 '투자 포트폴리오'처럼 관리하게 하는데, 부정적인 생각이 떠오를 때 이에 도전하고 긍정적인 관점으로 재구성한다. 금융 전문가들이 투자할 때와 마찬가지로, 우리의 감정과 생각도 분석하고 관리할 수 있다. 예를 들어, 주식 포트폴리오에서 리스크를 관리하듯, 부정적인 생각을 발견하고 이를 긍정적인 생각으로 전환하는 훈련을 하는 것이다.

일상에서 부정적인 생각이 떠오를 때마다 이를 '감정 손실'이라고 생각하라. 예를 들어, '이번 고객 계약이 실패하면 내 평판은 끝이야'라고 느낀다면, 이를 투자 리스크처럼 분석해보는 것이다. 이제 이 부정적인 생각을 긍정적인 방향으로 바꿔보자. '이번 계약이 실패하더라도, 나는 이를 통해 더 많은 경험을 쌓고 다음 기회를 준비할 수 있을 거야.' 즉, 리스크를 잘 관리하면 더 나은 결과가 따라오듯, 부정적인 생각도 이렇게 관리할 수 있다.

그리고 긍정적인 생각을 바탕으로 더 적극적인 행동을 취해본다. 고객과의 커뮤니케이션 방식을 바꾸거나, 새로운 제안을 준비하는 등의 실질적인 행동으로 연결하는 것이다.

자기 대화: 당신은 자신에게 최고의 트레이너다!

———

자기 대화는 내 안의 '코치'를 활용하는 방법이다. 자기 대화는 자신감을 높이고, 스트레스를 줄이며, 부정적인 상황에서도 침착함을 유지하도록 도와준다.

비즈니스맨이 결정을 내릴 때 자기와의 대화는 필수적이다. 이 대화를 잘 활용하면 부정적인 감정에서 벗어나 긍정적인 태도를 유지할 수 있다. 마치 운동선수들이 스스로에게 "할 수 있어!"라고 말하며 동기를 부여하듯, 비즈니스맨들도 자신을 최고의 코치로 만들 수 있다.

'내가 할 수 있을까?'라는 의문이 들 때, 스스로에게 코치처럼 말해보자. "이건 도전이야. 실패해도 괜찮아. 중요한 건 배움이야." 고객과의 상담 전이나 중요한 의사결정을 할 때 스스로를 격려하는 자기 대화를 해보는 것이다.

또한, 자기 대화를 통해 구체적인 목표를 설정하고, 이를 단계별로 실행할 수 있도록 자신에게 지시한다. 예를 들어 "다음 회의에서는 질문을 3개 이상 던질 거야" 또는 "오늘은 더 많은 고객에게 솔직한 피드백을 받을 거야" 같은 구체적인 목표를 설정해보자.

긍정적 표현 연습도 중요하다. 자신의 '문제'라는 말 대신 '도전'이라고 표현하는 연습을 한다. "고객이 까다로워서 힘들다"는 말 대신 "고객이 나를 더 나은 방향으로 이끌 기회를 준다"라고 재구성해서 말해보는 것이다.

재구성: 상황을 다른 시각으로 바라보는 힘

어려운 상황을 '리스크 관리'로 생각하라. 재구성은 부정적인 상황이나 실패를 새로운 관점에서 바라보는 능력이다. 이는 문제를 기회로 변환하여 더 나은 결과를 도출할 수 있게 한다. 손실이 발생했을 때 그것을 위기로만 보지 않고, 기회로 전환하는 능력을 키워야 한다. 이와 같은 방식으로, 일상적인 부정적 상황들도 다르게 바라보는 연습을 할 수 있다. 그리고 긍정적인 에너지를 주는 사람들과 시간을 보내고, 격려하고 지원하는 네트워크를 구축해야 한다.

고객과의 갈등이 발생했을 때, 이를 단순한 문제로만 보지 말고 성장의 기회로 재해석한다. '이 고객은 나를 무시하고 있어'가 아니라, '이 고객은 나에게 더 나은 소통 방법을 찾게 만들어주고 있어'라는 시각을 가져보자.

손실을 경험했을 때, 이를 실패로만 받아들이기보다 '이번 손실로 인해 나는 다음에 더 정확한 분석을 할 수 있을 거야'라는 긍정적인 학습 기회로 전환해보자. 시장의 변동성에서 얻은 교훈이 더 나은 전략을 만들어줄 수 있다.

긍정적인 대안 찾기도 중요하다. 부정적인 상황에 직면했을 때, 그 상황에서 배울 수 있는 교훈이나 대안을 찾는 연습을 한다. 예를 들어 '이번 분기 목표를 달성하지 못했지만, 우리는 새로운 고객군을 확보하는 중요한 경험을 쌓았다'와 같은 긍정적인 해석을 해본다.

이렇게 인지 행동 치료, 자기 대화, 재구성이라는 세 가지 전략을 통해 어려운 상황에서도 긍정적인 태도를 유지하며, 더 창의적이고 유연하게 문제를 해결할 수 있다. 이는 궁극적으로 고객과의 관계를 강화하고, 장기적으로 성공을 이루는 데 중요한 역할을 할 것이다.

4장 Emotion(감정 지능)

감정 관리와 스트레스 해소

오늘날 비즈니스맨들은 고압적인 환경에서 일하며, 고객의 기대를 충족시키기 위해 많은 책임을 진다. 이러한 상황은 종종 높은 스트레스를 유발하기에 감정 관리와 스트레스 해소의 중요성이 커진다. 적절한 감정 관리는 고객과의 관계를 개선하고, 효율적인 스트레스 해소는 직무 성과를 향상시키는 데 도움을 준다.

감정 인식과 표현

비즈니스맨들은 매일같이 다양한 상황에서 고객과 소통하고, 시장 변동에 대응하며 스트레스와 압박을 느끼기 쉽다. 이때 감정을 적절히 인식하고 표현하는 능력은 상황으로부터 자신을 보호하고 더 나은 결과를 이끌어낼 수 있는 중요한 도구가 된다.

감정 인식이 왜 중요할까? 감정은 우리의 의사결정과 행동에 큰 영향을 미친다. 자신의 감정을 제대로 인식하지 못하면, 부정적인 감정이 업무 성과에 악영향을 미칠 수 있다. 예를 들어, 시장 변동에 따른 불안감이나 고객과의 충돌로 인한 분노를 제대로 인식하지 못할 경우, 냉철한 판단을 내리기 어려워질 수 있다.

현실적 적용을 위해 매일 자신이 느끼는 감정을 기록하는 시간을 가져보자. "오늘 나는 고객의 요구에 답답함을 느꼈다"거나, "주가 하락으로 불안을 느꼈다"처럼 솔직하게 기록하는 습관을 들이는 것이다. 이러한 감정 인식 훈련은 일상 속에서 내 감정의 흐름을 파악하게 도와주며, 부정적인 감정을 방치하지 않고 적절히 처리할 수 있게 한다.

감정 표현 역시 중요하다. 감정은 억누르거나 회피한다고 사라지지 않는다. 오히려 적절히 표현하지 못할 경우, 장기적으로 스트레스와 번아웃을 겪을 가능성이 크다. 감정을 건강하게 표현하는 방법을 익히면, 업무에서의 긴장감을 줄이고 동료나 고객과 더 원활한 소통을 할 수 있다.

감정 표현은 반드시 격한 방식이어야 할 필요는 없다. 예를 들어, 고객과의 소통 중 부정적인 감정을 느낄 때, 이를 직접적으로 전달하기보다는 "이 상황에서 저는 조금 불안감을 느끼고 있습니다. 우리가 좀 더 구체적으로 논의할 수 있을까요?"와 같이 감정을 솔직하게 공유하면서도 해결책을 모색하는 방식을 취하는 것이 좋다. 이렇게 하면 상대방도 나의 감정을 이해하고 더 나은 해결책을 제시하는 데 도움을 줄 수 있다.

감정의 파도에 휩쓸리지 않는 스트레스 관리법

─────

일반적인 직장인들은 스트레스를 없애려고 한다. 하지만 고객 접점에 선 비즈니스맨이나 세일즈맨에게 스트레스 제로는 불가능하다. 불가능할 뿐만 아니라 위험하다. 스트레스가 전혀 없는 비즈니스맨은 마치 엔진 없는 자동차와 같다.

문제는 스트레스 자체가 아니라 스트레스를 어떻게 활용하느냐다. 뛰어난 비즈니스맨들은 스트레스를 제거하지 않고 변환한다. 독을 약으로 바꾸는 연금술사처럼, 그들은 스트레스를 성과의 연료로 전환하는 기술을 안다.

스트레스의 두 얼굴, 독이 될 것인가 약이 될 것인가?

스탠퍼드대학의 켈리 맥고니걸(Kelly McGoniga) 교수는 충격적인 연구 결과를 발표했다. 스트레스 자체는 해롭지 않다는 것이다. 진짜 해로운 것은 '스트레스가 해롭다고 믿는 것'이었다.

같은 수준의 스트레스를 받더라도, 스트레스를 '도전'으로 인식하는 사람과 '위협'으로 인식하는 사람의 신체 반응은 완전히 다르다. 도전으로 인식하는 사람은 심장이 강하게 뛰지만, 혈관이 확장되어 더 많은 산소와 영양분을 뇌에 공급한다. 반면 위협으로 인식하는 사람은 혈관이 수축되어 뇌 기능이 저하된다.

비즈니스맨에게 이는 결정적 차이다. 거절당하는 순간을 '위협'으로 보면 뇌가 마비되어 다음 행동을 할 수 없다. 하지만 '도전'으로 보면 뇌가 활성화되어 더 창의적인 해결책을 찾게 된다.

90초 법칙, 감정의 생명주기를 아는 사람이 승리한다

하버드 뇌과학자 질 볼트 테일러(Jill Bolte Taylor)는 놀라운 사실을 발견했다. 모든 감정은 정확히 90초의 생명주기를 가진다는 것이다. 화가 나든, 스트레스를 받든, 좌절하든 그 감정의 화학적 반응은 90초 안에 끝난다.

그런데 왜 어떤 사람은 종일 스트레스에 시달릴까? 바로 90초마다 그 감정을 다시 생성하기 때문이다. 스트레스받는 상황을 계속 떠올리고, 그 기억을 반복하면서 새로운 90초의 스트레스를 만들어내는 것이다.

성공한 비즈니스맨들은 이 90초 법칙을 안다. 거절당한 순간, 그들은 시계를 본다. 그리고 90초 동안만 그 감정을 충분히 느낀다. 화가 나면 화를 내고, 속상하면 속상해한다. 하지만 90초가 지나면 의식적으로 그 감정을 놓아버린다.

스트레스 백신 접종법, 작은 스트레스로 큰 내성 만들기

———

스트레스 에너지 변환기, 긴장을 집중력으로 바꾸는 기술

올림픽 선수들은 경기 직전 극도의 긴장 상태에 놓인다. 하지만 금메달리스트들은 이 긴장을 '집중 에너지'로 변환하는 기술을 안다.

비즈니스맨도 마찬가지다. 중요한 프레젠테이션 직전의 긴장감, 큰 계약을 앞둔 떨림, 어려운 고객을 만나기 전의 불안감 등을 집중력과 창의력으로 바꿀 수 있다.

방법은 간단하다. 스트레스를 느끼는 순간 '내 몸이 최고 성능을 발휘할 준비를 하고 있구나'라고 재해석하는 것이다. 심장이 빨리 뛰는 것을 두려움이 아닌 '각성'으로, 손에 땀이 나는 것을 '불안'이 아닌 '준비 완료'로 받아들인다.

회복 탄력성 2.0, 넘어져도 더 높이 일어서는 기술

전통적인 회복 탄력성은 '원래 상태로 돌아가는 것'이었다. 하지만 비즈니스맨에게 필요한 것은 '회복 탄력성 2.0'이다. 넘어지기 전보다 더 강해져서 일어서는 것이다.

이를 위해서는 '성장 마인드셋'이 필요하다. 실패를 능력의 한계가 아닌 아직 배우지 못한 것으로 본다. 거절을 나의 부족함이 아닌 더 나은 방법을 찾을 기회로 인식한다.

스트레스 마스터, 감정의 DJ가 되는 법

DJ가 다양한 음악을 믹스해서 새로운 사운드를 만들어내듯, 스트레스 마스터는 다양한 감정을 조합해서 최적의 컨디션을 만들어낸다.

때로는 스트레스를 높여서 집중력을 극대화하고, 때로는 스트레스를 낮춰서 창의력을 발휘한다. 상황에 따라 감정의 볼륨을 조절하고, 필요에 따라 감정의 채널을 바꾼다.

이것이 바로 진정한 감정 지능이다. 감정을 없애는 것이 아니라 활용하는 것, 스트레스를 피하는 것이 아니라 변환하는 것. 그 순간 당신은 스트레스의 노예에서 스트레스의 주인으로 탈바꿈한다.

거절의 달인이 되라: 거절은 감정 지능의 시작

당신은 지난 1년간 몇 번이나 거절당했는가?

잠깐 계산해보자. 어제는 몇 번 거절당했는가? 이번 주에는? 정확히 세어본 적이 있는가? 대부분의 세일즈맨들은 성공 횟수는 정확히 기억하지만, 거절 횟수는 의도적으로 잊으려 한다. 마치 상처를 감추려는 것처럼.

그러면 충격적인 질문을 하나 더 던지겠다. 당신이 가장 큰 계약을 성사시키기 직전에 몇 번이나 거절당했는가?

아마 기억나지 않을 것이다. 왜냐하면 우리는 성공의 순간만 기억하고, 그 성공을 만든 수많은 거절은 두뇌에서 지워버리기 때문이다. 하지만 바로 그 거절들이 당신을 성공으로 이끈 진짜 영웅들이었다.

마지막으로 이 질문에 정직하게 답해보자. 거절당하는 것이 두려워서 포기한 기회가 몇 개나 되는가?

　세일즈 현장에서 일어나는 가장 잔혹한 진실을 상기해보자. 당신이 아무리 완벽한 제품을 가지고 있어도, 아무리 훌륭한 프레젠테이션을 준비해도, 아무리 매력적인 가격을 제시해도 거절당한다. 그것도 하루에 수십 번씩.

　일반 직장인은 한 달에 한두 번 거절당하면 스트레스를 받는다. 하지만 세일즈맨의 경우 하루에 평균 12번의 "No"를 듣는다. 일주일이면 60번, 한 달이면 240번, 1년이면 2,880번의 거절을 경험한다. 이것이 바로 세일즈맨이 다른 직업과 근본적으로 다른 이유다.

거절이 감정 지능의 시작점인 이유

———

감정 지능(EQ)은 자신과 타인의 감정을 인식하고 관리하는 능력이다. 그런데 세일즈맨에게는 특별한 감정이 하나 더 있다. 바로 '거절당하는 감정'이다. 이 감정을 제대로 관리하지 못하면 다른 모든 감정 관리 능력이 무너진다.

　거절은 세일즈맨의 감정 상태를 가장 직접적이고 강력하게 흔드는 사건이다. 한 번의 거절로 자신감이 무너지고, 연속된 거절로 의욕이 사라지며, 누적된 거절로 번아웃이 온다. 따라서 거절 관리는 세일즈맨 감정 지능의 가장 기초이자 핵심이다.

뇌과학이 밝혀낸 거절의 진실

UCLA의 매튜 리버만(Mathew Lieberman) 교수팀의 연구에 따르면, 거절당할 때 뇌에서 활성화되는 영역은 신체적 고통을 느낄 때와 정확히 같은 부위다. 즉, 뇌는 거절을 실제 상처와 동일하게 인식한다.

더 놀라운 사실은 이 고통이 기억에 깊이 각인된다는 점이다. 성공의 기쁨보다 거절의 아픔이 5배 더 강렬하게 기억된다. 이것이 바로 많은 세일즈맨이 몇 번의 거절 후에 포기하는 이유다.

하지만 역설적으로 이 메커니즘을 이해하고 활용하는 세일즈맨들은 거절을 자신의 가장 강력한 무기로 만든다. 그들은 거절의 고통을 성장의 신호로 재해석하는 뇌 회로를 구축한다.

거절 내성, 특별한 감정 근육

운동선수에게 근육이 있듯, 세일즈맨에게는 '거절 내성'이라는 특별한 감정 근육이 있다. 이 근육은 사용할수록 강해지고, 방치하면 약해진다.

성공한 세일즈맨들을 관찰해보면 흥미로운 패턴을 발견할 수 있다. 그들은 거절당하는 순간에도 심박수가 크게 변하지 않는다. 혈압도 안정적이고, 스트레스 호르몬 분비량도 일반인의 절반 수준이다. 마치 운동선수가 극한의 상황에서도 안정된 컨디션을 유지하는 것과 같다.

이들은 거절을 '개인적 공격'이 아닌 '비즈니스 프로세스'로 인식한다. '거절당하는 것'이 아니라 '정보를 수집하는 것'으로 재정의한다. '왜 거절했을까?'가 아니라 '어떤 조건이면 가능할까?'를 생각한다.

감정의 연금술, 거절을 황금으로 바꾸는 기술

중세의 연금술사들이 납을 황금으로 바꾸려 했듯, 뛰어난 세일즈맨들은 거절을 성공으로 바꾸는 연금술을 안다.

첫 번째 단계는 '거절의 재정의'다. 거절을 실패가 아닌 '정보'로 본다. 고객이 "No"라고 말하는 순간, 그 안에는 "Yes"라고 말하기 위한 조건이 숨어 있다. 가격이 문제인지 타이밍이 문제인지, 니즈가 부족한지 신뢰가 부족한지에 대한 귀중한 정보다.

두 번째 단계는 '거절의 수량화'다. 거절을 감정적 사건이 아닌 통계적 사건으로 본다. '오늘 10번 거절당했으니 내일은 성공할 확률이 커졌다'는 식으로 생각한다. 이는 단순한 위안이 아니라 실제로 통계적 근거가 있는 사고방식이다.

세 번째 단계는 '거절의 활용'이다. 한 번의 거절에서 얻은 인사이트를 다음 고객에게 적용한다. 거절의 이유를 분석해 제안서를 개선하고, 프레젠테이션을 업그레이드하며, 고객 선별 기준을 정교화한다.

거절이 만드는 감정적 면역력

―――

백신이 바이러스로 면역력을 기르듯, 거절은 세일즈맨의 감정적 면역력을 기른다. 작은 거절을 많이 경험한 세일즈맨은 큰 거절 앞에서도 흔들리지 않는다.

더 나아가 거절을 통해 기른 감정 조절 능력은 세일즈 외의 모든 영역에 도움이 된다. 상사의 비판, 동료의 견제, 가족의 불만 등 일상의 모든 거절 상황을 담담하게 받아들일 수 있게 된다.

거절의 달인, 세일즈 마스터로 가는 첫걸음

―――

진정한 세일즈 마스터들에게는 공통점이 하나 있다. 그들은 모두 '거절의 달인'이라는 점이다. 거절을 두려워하지 않고, 거절에서 배우며, 거절을 성장의 기회로 만든다.

거절의 달인이 된다는 것은 거절에 무감각해진다는 뜻이 아니다. 오히려 거절의 의미를 정확히 읽고, 그 속에서 가치를 찾아내며, 다음 성공을 위한 디딤돌로 만드는 것이다.

이것이 바로 감정 지능이 거절 관리에서 시작되어야 하는 이유다. 거절을 정복하는 순간, 당신은 단순한 비즈니스맨을 넘어 감정의 마스터가 된다. 그리고 그 순간부터 진정한 성공의 여정이 시작된다.

자기 인식의 4단계,
성장의 로드맵

비즈니스맨의 성장 과정을 게임으로 비유해보자. 모든 플레이어는 1레벨에서 시작해서 최고 레벨인 4단계까지 올라간다. 각 레벨에는 고유한 특징과 공략법이 있다. 당신은 지금 몇 레벨인가?

1단계: 무의식적 무능력 - 새내기의 용감무쌍

새내기 직장인 김신입 씨의 첫날을 상상해보자. 상사가 "고객에게 전화 좀 걸어봐"라고 하자 그는 당당히 대답한다. "네, 할 수 있습니다!"

　그런데 막상 전화기를 잡고 보니 무엇을 말해야 할지 모른다. 고객이 "안 된다"고 하면 어떻게 대처해야 할지도 모른다. 심지어 자신이 뭘 모르는지도 정확히 모른다.

이 단계의 특징은 '용감무쌍'이다. 두려움이 없다. 왜냐하면 얼마나 어려운 일인지 모르기 때문이다. 마치 수영을 못 하는 아이가 물이 무서운 줄도 모르고 수영장에 뛰어드는 것과 같다.

- **이 단계의 생존법:** 무엇이든 물어봐라. '이런 질문 해도 되나?'라는 생각은 금물이다. 물어보는 것도 다 때가 있다. 지금이 아니면 나중에는 물어보기 민망해진다.
- **키워드:** 호기심 갖고 질문하기

2단계: 의식적 무능력 - '아는 만큼 보이는 절망'
———

6개월쯤 지나, 절망이 찾아온다. '아, 회사 생활이 이렇게 어려운 거구나!' 고객의 거절 이유를 이제 알겠다. 경쟁사 제품과의 차이점도 보인다. 시장 상황도 이해된다. 그런데 바로 그 순간 절망이 찾아온다.

"네. 제가 고객님께 전화 드려볼게요"라고 당당히 말하고는 속으로 '제발 안 받으셨으면…' 하고 기원한다. 알면 알수록 더 무서워진다. 마치 수영장 깊이를 알게 된 순간 물이 무서워지는 것과 같다.

이 단계에서 많은 사람이 포기한다. '나는 이 일에 맞지 않나 봐', '너무 어려워', '그만둘까?' 등의 생각이 머릿속을 지배한다.

- **이 단계의 생존법:** 용기를 내라. 이 시기가 가장 힘들다는 것을 알고 있어야 한다. 모든 전문가가 거쳐 간 길이다. 포기하지 말고 한 번 더 시도해보자. 실패해도 괜

찾다. 실패할 때마다 레벨업 포인트가 쌓인다고 생각하라.

- **키워드:** 용기

3단계: 의식적 능력 - '노력하면 되는 희망'

———

일을 알 것 같고 성과도 보인다. 재미있다. '이렇게 하면 되겠구나'가 보인다. 집중하면 할 수 있다. 고객과의 대화도 예상할 수 있고, 거절 당해도 대처법을 안다.

같은 시기에 입사한 동기 중에 확실히 앞서나가는 사람이 보인 다. 부럽기도 하고 위축되기도 한다. 그 동기에게 비결을 물어보면 한마디로 답한다. "나? 올인했어!"

- **이 단계의 생존법:** 올인하라. 이왕 시작한 것 한 번은 제대로 해보자. 관련 책도 읽고, 세미나도 나가고, 모임도 참여하고, 10년 후에 '내가 그때 이렇게까지 열심히 했는데'라고 회상할 수 있을 만큼 매달려보자.
- **키워드:** 올인

4단계: 무의식적 능력 - '자연스러운 달인'

———

고객과의 대화가 자연스럽다. 커피를 마시면서도 계약을 성사시킨 다. 더 이상 의식적으로 노력하지 않아도 몸이 알아서 움직인다. 마치 숙련된 운전자가 음악을 들으면서 커피를 마시며 고속도로를 달리는 것처럼. 모든 것이 자동화되었다. 모든 걸 이룬 것 같은가? 이 단계에서 가장 위험한 함정이 기다린다. '나 이제 다 아는 것 같은데' 하는 착각이다.

- **이 단계의 생존법:** 겸손하라. 이때가 가장 위험하다. 교만해지는 순간 추락이 시작된다. 계속 배우고, 계속 성찰하고, 계속 겸손하라. 그래야 진짜 마스터가 될 수 있다.
- **키워드:** 겸손

당신은 지금 몇 단계인가?

———

중요한 것은 지금 자신이 몇 단계에 있는지 정확히 아는 것이다. 1단계라고 절망할 필요가 없고, 4단계라고 자만할 필요도 없다. 각 단계에는 그 단계만의 키워드와 전략이 있다.

게임에서도 1레벨 캐릭터가 갑자기 보스 몬스터를 이길 수는 없다. 각 레벨에 맞는 퀘스트를 차근차근 깨나가면서 성장해야 한다. 비즈니스도 마찬가지다. 지금 단계에 맞는 키워드만 제대로 활용하면 반드시 다음 단계로 올라갈 수 있다.

나를 바라보는
성찰의 기술

현대인들은 매일 끊임없는 변화와 압박 속에서 일한다. 그 과정에서 종종 자신이 감당할 수 없는 두려움, 불안, 스트레스 같은 부정적 감정에 직면하게 된다. 이러한 감정은 우리 내면에 자리 잡고 있는 그림자와 같다. 이 그림자는 우리가 아무리 성공해도, 아무리 많은 성과를 이뤄내도 항상 존재하는 듯 느껴진다. 하지만 그림자를 없애려고 애쓰는 대신, 그림자를 인정하고 받아들이는 것이 훨씬 더 효과적일 수 있다.

그림자는 우리가 제거해야 할 대상이 아니다. 그 대신 우리가 가진 빛을 확장함으로써 그림자의 영향을 줄일 수 있다. 자신이 직면한 불안과 스트레스를 단순히 억누르기보다는 내면에 존재하는 강점과 긍정적 측면에 더욱 집중해야 한다.

자신의 그림자를 인식하라

모든 사람은 불안과 두려움을 느끼기 마련이다. 이런 감정이 드러나는 순간을 억지로 숨기려고 하지 말고, 그 감정을 인식하고 이해하는 데서부터 시작해야 한다. 이 그림자는 오히려 더 나은 결정을 내리기 위한 신호일 수 있다. 자신이 느끼는 감정을 솔직하게 받아들이고, 그것이 어떤 배경에서 나왔는지 인식할 때, 더욱 성숙해진다.

그림자를 없애지 말고 오히려 빛(강점)을 확장하라

그림자를 없애려는 대신, 자신의 강점과 성취에 집중하는 것이 중요하다. 당신이 지금까지 쌓아온 경험과 성취는 그 자체로 이미 큰 빛이다. 두려움이 올 때, 그 두려움에 집중하기보다는 자신이 가진 능력과 자원을 떠올리며 스스로 격려하라. 긍정적 자기 대화는 당신의 내면에서 빛을 확장시키고 그림자를 줄이는 데 큰 도움이 될 것이다.

완벽해지려는 부담을 내려놓아라

우리는 종종 모든 답을 알고 있어야 하고, 항상 완벽해야 한다는 압박을 느낀다. 하지만 너무 애쓰지 마라. 감정이나 상황을 억지로 통제하려고 애쓰기보다는, 때로는 자연스럽게 흘러가게 두는 것이 더

나은 결과를 가져올 수 있다. 지나친 완벽주의는 오히려 창의성과 직관을 막는 장해물이 될 수 있다. 스스로 완벽해지려는 부담을 덜어내고, 상황을 있는 그대로 수용하는 태도가 필요하다.

균형 잡힌 삶

모든 사람에게는 빛과 그림자가 공존한다. 성공적인 사람은 자신의 긍정적인 면만을 강조하는 것이 아니라, 자신에게 내재된 어두운 면도 인정하며, 균형 잡힌 리더십을 발휘한다. 중요한 것은 이 두 가지를 조화롭게 다루는 능력이다. 그림자가 있다고 해서 실패한 것이 아니라, 그것을 인식하고 이를 통해 더 나은 결정을 내릴 수 있음을 기억하라.

빛의 리더가 되라

자신이 가진 빛을 확장할 때, 그 빛은 팀에게도 전해지며 주변의 모두가 더 나은 방향으로 나아갈 수 있게 된다. 당신이 평정과 자신감을 가지고 상황을 바라보면, 팀과 동료도 그 에너지를 받아 더 좋은 성과를 낼 것이다.

업무에서 맞닥뜨리는 도전은 결코 만만하지 않다. 그러나 빛과 그림자를 인식하고, 빛을 확장하는 것은 더 균형 있고 강력한 리더십을 발휘하는 데 중요한 자원이 될 것이다. 그 어떤 어려움이 와도, 당신이 가진 빛은 그 어떤 그림자도 덮을 만큼 크다. 자신을 믿고, 내면의 강점에 집중하며 그 빛을 확장하라. 그러면 당신은 단순한 성과이상의 진정한 리더로 거듭날 수 있을 것이다.

완벽한 비즈니스맨은 없다, 완전한 비즈니스맨만 있을 뿐

완벽한 비즈니스맨이 되려고 하지 마라. 그 대신 완전한 비즈니스맨이 되어라. 완벽함은 결함이 없는 상태지만, 완전함은 모든 부분이조화를 이루는 상태다. 빛과 그림자가 모두 있되, 그것들이 아름다운균형을 이루는 상태다.

당신의 그림자를 부끄러워하지 마라. 그 그림자가 있기에 당신은인간이고, 그 인간적인 모습이 고객들에게 진정한 신뢰를 준다. 완벽한 기계보다 불완전한 인간이 더 매력적인 이유다.

나를 돌아보는 거울 앞에서 매일 밤 잠들기 전, 짧은 시간이라도자신을 돌아보는 시간을 가져보자. 거울 앞에 서듯 솔직하게 자신과마주하는 시간을.

"오늘 나는 어떤 그림자를 만났는가?"

"그 그림자에서 어떤 빛을 발견할 수 있는가?"

"내일은 어떤 빛을 더 확장해볼 수 있을까?"

이런 질문들이 당신을 더 깊이 있는 비즈니스맨으로 만들어줄 것이다. 그림자를 숨기려 하는 비즈니스맨이 아니라, 그림자와 빛을 모두 품은 완전한 비즈니스맨으로.

　당신의 그림자는 당신의 적이 아니다. 당신을 더 빛나게 만들어 주는 조연이다. 그 조연을 인정하고 포용할 때, 당신은 진정한 주인 공이 된다.

빛과 그림자 사이의
균형

빛의 본질: 강점과 긍정적인 에너지

———

빛은 우리가 다른 사람들에게 보여주는 긍정적인 측면과 강점을 상징한다. 이는 우리가 가지고 있는 재능, 성공적인 경험, 창의성, 열정, 그리고 다른 사람들에게 영향을 미칠 수 있는 긍정적 에너지이며, 우리가 어려운 상황에서 더 나은 해결책을 찾도록 도와주는 힘이기도 하다.

하지만 빛은 단순히 성과나 업적만을 의미하지 않는다. 진정한 빛은 우리가 얼마나 자신을 알고 스스로를 수용하며, 다른 사람들에게 긍정적인 영향을 미치는가에 달려 있다. 자신의 강점을 잘 활용하고, 팀이나 조직에 건강한 영향을 미치는 것이 바로 그 빛의 확장이라고 할 수 있다.

자신에게 질문해보자. "내가 다른 사람에게 미치는 긍정적인 영향은 무엇인가?" "어떤 순간에 나는 내 빛을 확장할 수 있었는가?" 이러한 질문을 스스로 던지면서, 자신의 빛이 어디서 나오는지를 탐구해보자.

그림자의 본질: 어두운 면과 부정적 감정

그림자는 우리의 두려움, 불안, 실패에 대한 공포, 부족함에 대한 인식을 상징한다. 빠르게 변화하는 시장과 결과 중심의 업무 환경 속에서 이 그림자는 더욱 두드러질 수 있다. 자신이 원하는 성과를 이루지 못하거나, 다른 사람들보다 뒤처진다는 생각이 들 때, 우리는 그 그림자에 직면하게 된다.

그러나 그림자는 우리의 삶에서 반드시 나쁜 것만은 아니다. 그림자는 종종 우리가 무시하고 있던 문제나 해결해야 할 내면의 과제를 드러내주기도 한다. 예를 들어, 불안은 때로 우리가 중요한 결정을 내릴 때 더 깊이 고민하게 하고, 실수나 위험을 줄이는 데 도움을 줄 수 있다.

"내가 두려워하는 것은 무엇인가?" "어떤 상황에서 나의 그림자가 나타나는가?" 이러한 질문을 통해 자신의 그림자가 나타나는 순간을 인식하고, 그 그림자가 무엇을 말해주는지 탐구하는 것이 중요하다.

빛과 그림자의 관계: 서로를 필요로 한다

———

빛과 그림자는 양극적인 대립 관계로만 볼 것이 아니라, 서로가 서로를 완성시키는 상호 보완적인 관계라고 이해해야 한다. 그림자가 없으면 빛의 존재도 느낄 수 없고, 빛이 없으면 그림자는 끝없는 어둠으로만 남을 것이다.

즉, 그림자는 우리의 약점이나 부정적 감정만을 의미하는 것이 아니라, 우리가 더 강해지기 위한 신호일 수 있다. 우리는 자신의 그림자를 이해함으로써 더 나은 결정을 내릴 수 있고, 성숙한 리더십을 발휘할 수 있다. 이는 자신을 더 깊이 이해하고, 팀이나 조직에서 더 균형 잡힌 리더로서 설 수 있게 해준다.

"어떤 상황에서 나는 내 그림자 덕분에 더 나은 결정을 내릴 수 있었는가?", "내 그림자가 나에게 주는 메시지는 무엇인가?" 등의 질문을 자신에게 던져보고 생각을 정리하는 시간을 갖자.

빛을 확장하는 방법

———

스트레스나 압박을 느낄 때 그림자가 커지기 마련인데, 이때 가장 중요한 것은 자신의 빛을 확장하는 것이다. 이는 단순히 긍정적인 생각을 하는 것 이상으로, 자신의 강점과 긍정적인 에너지를 의도적으로 키우는 것을 의미한다.

자신의 강점에 집중하기

매일 스스로에게 자신이 가진 강점을 상기시키는 것이 중요하다. 예를 들어, 어려운 상황에서도 이겨냈던 경험이나, 팀을 성공적으로 이끌었던 순간들을 떠올리며 자신의 능력을 다시 한번 확인해보자.

긍정적 영향력을 확산시키기

빛은 자신만을 위한 것이 아니다. 리더는 팀과 조직 전체에 긍정적인 영향을 미칠 책임이 있다. 자신의 빛을 확장하려면, 팀원들에게 격려와 지지를 보내며 그들의 성장과 성과에 기여하는 것을 목표로 삼아야 한다.

내면의 평정 찾기

명상, 호흡 조절, 자연 속에서의 산책 등을 통해 내면의 고요함을 찾는 것도 빛을 확장하는 방법이다. 우리의 마음이 고요할 때, 우리는 더 많은 빛을 발산할 수 있다.

그림자를 수용하는 방법

———

그림자는 우리가 외면해서는 안 되는 부분이다. 억누르거나 부정하기보다는, 이를 인정하고 수용하는 것이 더 강한 나를 발휘하는 방법이다.

감정의 출처 파악하기

자신이 느끼는 두려움이나 불안의 원인을 파악하고, 그 감정이 어떤 메시지를 전달하고 있는지 깊이 생각해보자. 감정을 억누르기보다는, 그 감정을 이해하는 것이 중요하다.

그림자를 내 편으로 만들기

그림자는 단순히 부정적인 면이 아니라, 나를 더 성장하게 하는 자극일 수 있다. 예를 들어 경쟁자에 대한 두려움이 있다면, 이를 내가 더 발전해야 할 자극으로 바꾸면 된다. 그림자가 나타날 때 이를 성장의 기회로 보는 자세가 필요하다.

자기 연민

때로는 그림자와 마주하는 과정에서 자기 연민이 필요하다. 자신이 완벽하지 않다는 것을 인정하고, 인간적으로 부족함이 있을 수 있다는 사실을 받아들이는 것이 중요하다. 이런 수용이 있어야 진정한 성장이 가능해진다.

빛과 그림자의 균형 유지하기

———

비즈니스 현장은 지속적인 도전과 경쟁이 요구되는 전쟁터다. 하지만 그 안에서도 빛과 그림자 사이의 균형을 유지하는 것은 장기적인 성공을 위해 필수적이다. 빛이 너무 강하면 현실적인 문제를 간과할 수 있으며, 그림자가 너무 크면 긍정적인 가능성을 볼 수 없다. 이 두 가지를 모두 수용하고 다스려야 강한 사람이 될 수 있다.

나는 빛과 그림자 사이에서 어떤 균형을 맞추고 있는가? 나는 지금 내 빛을 어떻게 확장할 수 있을까? 결국, 빛과 그림자를 모두 인식하고 균형 있게 다루는 것이 진정한 성장으로 가는 길이다. 이 과정을 통해 더 성숙하고 강한 사람으로 자랄 수 있을 것이다.

빛과 그림자의 춤, 완전함을 향한 왈츠

————

빛과 그림자는 서로 반대가 아니라 파트너다. 왈츠를 추는 두 사람처럼, 하나가 앞으로 나아가면 다른 하나는 뒤로 물러서며 아름다운 조화를 만들어낸다.

성공할 때 겸손함을 잃지 않는 것은 그림자가 주는 선물이다. 실패할 때 절망하지 않는 것은 빛이 주는 선물이다. 둘이 함께할 때 비로소 흔들리지 않는 진정한 강함이 탄생한다.

당신은 이미 완전하다

————

당신이 빛만 가져야 한다고 생각했다면, 이제 그 부담을 내려놓자. 당신이 그림자를 부끄러워했다면, 이제 그것도 당신의 일부임을 받아들이자.

빛과 그림자가 모두 있는 당신은 이미 완전하다. 완벽하지 않지만 완전하다. 그리고 그 완전함이야말로 당신의 가족과 친구, 고객들이 진정으로 원하는 것이다.

내면의 중심을 만드는
밸런스 기법

내면의 균형: 감정과 사고의 조화

비즈니스 리더들은 매 순간 중요한 결정을 내려야 하는데, 때로는 이성적인 사고와 감정적인 반응이 충돌할 수 있다. 이때 중요한 일은 이성적 사고와 감정적 직관의 균형을 맞추는 것이다. 감정은 억누를 수 없고, 무조건적인 이성만으로 모든 상황을 해결할 수 없다. 감정을 인정하고 그 감정이 무엇을 말해주는지 귀 기울이면서, 동시에 이성적인 판단을 활용해 균형을 잡는 것이 중요하다.

실천 방법을 하나 알아보자. 중요한 결정을 내릴 때는 자신의 감정 상태를 먼저 점검하고, 그 감정이 무엇을 말해주는지 스스로 질문해보라. 감정적인 반응이 있을 때, 그것이 전적으로 부정적인 것이 아니라, 중요한 신호일 수 있다는 점을 기억하라. 그런 후에 이성적으로 판단하여 결정을 내린다.

외부와 내부의 균형: 외부 성과와 내면의 만족

———

업무에서의 성공은 외부적으로 드러나는 성과와 연결된다. 하지만 외부 성과에만 집중하다 보면, 내면의 만족감이 빠질 수 있다. 자신이 내면적으로 느끼는 성취감과 외부적으로 보이는 성과 사이에 균형이 필요하다. 외적인 성공만을 추구하는 사람은 결국 지치기 마련이다. 내면의 성장을 소홀히 하지 않고, 자신이 진정으로 가치 있다고 생각하는 것을 성취해야 한다.

성과 지표나 숫자로만 자신의 성공을 평가하지 말고, 스스로 "이 과정에서 나는 무엇을 배웠는가?", "이 일을 통해 내면적으로 만족감을 얻었는가?"라는 질문을 던져보라. 자기 내면의 성장과 외적인 성취 사이에서 균형을 찾는 과정이 꼭 필요하다.

성과와 휴식의 균형

———

비즈니스맨들은 종종 성과 중심적으로 움직이며, 끊임없이 더 높은 목표를 향해 달려간다. 하지만 이 과정에서 휴식과 자기 돌봄을 잃으면, 장기적으로 더 큰 소진에 빠질 수 있다. 결국, 성과와 휴식 사이의 균형이 필수적이다. 충분한 휴식을 통해 에너지를 재충전하면, 다시 일을 시작할 때 더 집중력 있고 효율적으로 움직일 수 있다.

중요한 프로젝트를 끝낸 후에는 잠시 멈추고 자신에게 시간을 주는 것을 잊지 마라. 짧은 명상이나 산책 같은 간단한 활동이라도 좋다. 정기적으로 자신을 되돌아보고 재충전하는 시간을 가지는 것이 장기적인 성과에도 긍정적인 영향을 미칠 것이다.

내 안의 밸런스를 만들어라:
두 개의 목소리가 만드는 하모니

머리와 가슴의 대화, 이성과 감정의 완벽한 듀엣

당신의 가슴속에는 두 명의 현명한 조언자가 살고 있다. 하나는 차가운 논리를 무기로 하는 머리이고, 다른 하나는 뜨거운 직감을 가진 가슴이다. 이 둘은 평생 당신을 두고 다툰다.

머리는 계산기를 들고 말한다. "이 계약의 수익률은 15%야. 리스크는 3% 수준이고, 투자 회수 기간은 18개월이야. 당연히 해야지!" 머리는 언제나 정확하고 논리적이다. 숫자로 증명할 수 있는 것만 믿는다.

하지만 가슴은 다르다. 가슴은 말로 설명할 수 없는 것들을 느낀다. "뭔가 이상해. 계산은 맞는데 느낌이 안 좋아. 이 고객의 눈빛에서 뭔가 다른 게 보여." 가슴은 데이터로 증명할 수 없지만 때로는 놀라울 정도로 정확하다.

　대부분의 사람은 둘 중 하나만 선택하려 한다. 머리만 믿으면 차가운 사람이 되고, 가슴만 믿으면 무모한 사람이 된다. 하지만 진정한 지혜는 둘이 대화하게 만드는 것이다.

　머리는 가슴의 감정을 논리로 검증해주고, 가슴은 머리의 차가운 계산에 인간적 온기를 불어넣는다. 그 결과 나오는 결정은 논리적이면서도 인간적이고, 현실적이면서도 따뜻하다.

감정은 나침반, 이성은 지도

바다 한가운데서 길을 잃은 선장을 상상해보자. 그에게는 두 가지 도구가 있다. 정확한 해도와 민감한 나침반. 해도는 모든 섬의 위치를 알려주고, 수심과 암초의 정확한 좌표를 표시해준다. 하지만 해도만으로는 지금 자신이 어디에 있는지, 어느 방향으로 가야 하는지 알 수 없다. 나침반은 방향을 알려준다. 북쪽이 어디인지, 목적지가 어느 방향인지 가리킨다. 하지만 나침반만으로는 그 길에 어떤 장애물이 있는지, 얼마나 멀리 가야 하는지 알 수 없다.

　둘이 함께할 때 비로소 안전하고 정확한 항해가 가능하다.

　당신의 이성은 완벽한 해도다. 시장 상황, 경쟁사 분석, 고객 데이터, 수익성 계산까지 모든 정보를 정확히 알려준다. 하지만 이성만으로는 '지금 이 순간 어떤 선택을 해야 하는가?'에 대한 직관적 방향감각을 얻기 어렵다.

당신의 감정은 민감한 나침반이다. 고객의 미묘한 표정 변화, 분위기의 흐름, 타이밍의 절묘함을 감지한다. "지금이야", "조금 더 기다려", "그 사람은 신뢰할 수 있어" 같은 직관적 신호를 보낸다.

위대한 비즈니스맨은 이 둘을 동시에 활용한다. 감정이라는 나침반으로 방향을 잡고, 이성이라는 지도로 구체적인 길을 찾는다. 감정이 "고객에게 뭔가 특별한 것이 필요해"라고 속삭이면, 이성이 "그렇다면 이런 솔루션은 어떨까"라고 구체적인 방법을 제시한다.

성과라는 외면과 만족이라는 내면, 두 개의 성공

인간에게는 두 개의 심장이 있다. 하나는 가슴에 있는 물리적 심장이고, 다른 하나는 영혼에 있는 정신적 심장이다.

가슴의 심장은 생존을 위해 뛴다. 산소와 영양분을 온몸에 공급하여 육체가 살아갈 수 있게 한다. 이는 '외면의 성공'과 같다. 매출, 실적, 승진, 연봉 등 눈에 보이는 성과들이 당신의 사회적 생존을 보장해준다.

하지만 영혼의 심장도 있다. 이 심장은 의미와 만족감이라는 다른 종류의 영양분을 필요로 한다. 아무리 외적 성과가 뛰어나도 이 심장이 메말라가면 내면이 죽어간다.

많은 비즈니스맨이 첫 번째 심장만 돌본다. 숫자에만 집착하고, 실적에만 매달리다가 어느 날 갑자기 "내가 왜 이 일을 하고 있지?"라는 근본적 질문 앞에서 무너진다. 영혼의 심장이 정지한 것이다.

반대로 일부는 두 번째 심장만 돌본다. 의미와 가치만 추구하다가 현실적 성과를 놓쳐 실제로는 고객에게도, 회사에도, 자신에게도 도움이 되지 못한다. 물리적 심장이 약해진 것이다.

진정한 성공은 두 심장이 모두 건강하게 뛸 때 온다. 외적 성과를 통해 사회적 인정과 경제적 안정을 얻으면서도, 내적 만족을 통해 일의 의미와 개인적 성장을 느끼는 것이다.

이때 신기한 일이 벌어진다. 두 심장이 함께 뛰기 시작하면 서로를 강화시킨다. 내적 만족이 클수록 일에 대한 열정이 커지고, 그 열정이 더 큰 외적 성과를 만들어낸다. 또한, 외적 성과가 클수록 자신감과 여유가 생기고, 그것이 더 깊은 내적 만족으로 이어진다.

달리기와 쉬기, 숨쉬기의 리듬

음악에는 소리만 있는 것이 아니다. 쉼표도 있다. 그리고 가장 아름다운 음악은 소리와 침묵이 완벽한 조화를 이룰 때 탄생한다.

당신의 커리어도 음악과 같다. 일이라는 소리와 휴식이라는 침묵이 조화를 이뤄야 아름다운 인생의 선율이 만들어진다.

많은 비즈니스맨이 쉼표 없는 음악을 연주하려 한다. 쉬지 않고, 멈추지 않고, 24시간 내내 소리만 내려고 한다. 하지만 쉼표 없는 음악은 음악이 아니라 소음이다. 듣는 사람도 지치고, 연주하는 사람도 지친다.

반대로 어떤 사람들은 쉼표만 있는 음악을 연주한다. 일을 회피하고, 도전을 피하며, 편안함만 추구한다. 하지만 소리 없는 음악은 음악이 아니다. 아무도 감동시킬 수 없고, 아무것도 만들어낼 수 없다.

진정한 음악가는 언제 소리를 내고 언제 침묵해야 하는지 안다. 클라이맥스에서는 모든 에너지를 쏟아내고, 잔잔한 부분에서는 여유롭게 호흡한다. 강약의 변화, 빠름과 느림의 대조, 긴장과 이완의 반복이 감동적인 선율을 만들어낸다.

당신도 자신만의 리듬을 찾아야 한다. 언제 전력 질주하고 언제 페이스를 조절할지, 언제 공격적으로 나아가고 언제 전략적으로 기다릴지. 이런 리듬 감각이야말로 오래가는 비즈니스맨의 비밀이다.

하모니의 마법, 모든 소리가 하나가 되는 순간

오케스트라를 생각해보자. 바이올린은 섬세하고 높은 소리를 내고, 첼로는 깊고 묵직한 소리를 낸다. 플루트는 맑고 경쾌하며, 팀파니는 강렬하고 웅장하다. 각각의 악기는 서로 완전히 다른 소리를 낸다.

만약 모든 악기가 같은 소리를 낸다면? 그것은 오케스트라가 아니라 단조로운 합주이다. 각 악기의 개성이 있기에, 그 차이가 조화를 이뤘을 때 감동적인 교향곡이 탄생한다.

당신 안의 여러 목소리도 마찬가지다. 머리의 차가운 논리, 가슴의 뜨거운 감정, 성과에 대한 야망, 만족에 대한 갈망, 일에 대한 열정, 휴식에 대한 욕구, 이 모든 것들이 서로 다른 악기처럼 각자의 소리를 낸다.

이들을 하나로 통일하려 하지 마라. 대신 지휘자가 되어 이들이 아름다운 하모니를 만들어가도록 도와라. 때로는 논리가 주선율을 연주하게 하고, 때로는 감정이 주인공이 되게 하라. 때로는 성과 추구가 클라이맥스를 장식하게 하고, 때로는 만족감이 여운을 남기게 하라.

그것이 바로 밸런스의 진정한 의미다. 균형이 아니라 하모니, 정적인 평형이 아니라 역동적인 조화이다.

당신 안에서 울려 퍼지는 이 하모니가 얼마나 아름다운지 아는가? 당신은 이미 완전한 오케스트라를 가지고 있다. 이제 지휘봉을 들고 연주를 시작할 시간이다.

주어진 시간을 최대한 활용하는
효율성의 비밀

비즈니스맨들은 빠르게 변화하는 시장 속에서 시간 관리가 곧 성과로 직결되는 환경에서 일한다. 주어진 시간을 효율적으로 활용하는 능력은 고객 신뢰를 높이고 업무 성과를 극대화하는 핵심 역량이다.

특히, 짧은 시간 안에 중요한 결정을 내려야 하는 경우가 많은 업무에서는 체계적인 시간 관리가 필수적이다. 시간 활용을 극대화할 수 있는 구체적인 방법을 알아보자.

우선순위 설정: 중요도에 따라 업무 분류하기

———

시간을 효율적으로 사용하기 위해 가장 먼저 해야 할 일은 우선순위 설정이다. 비즈니스맨은 고객 상담, 보고서 작성, 시장 분석 등 다양한 업무를 처리해야 한다. 이를 효과적으로 관리하려면 중요도와 긴급도에 따라 업무를 분류하고 적절한 순서로 처리하는 것이 중요하다.

아이젠하워 매트릭스 활용

업무를 '중요하고 긴급한 일', '중요하지만 긴급하지 않은 일', '긴급하지만 중요하지 않은 일', '긴급하지도 중요하지도 않은 일'로 나누는 아이젠하워 매트릭스를 활용해 각 업무의 우선순위를 정할 수 있다. 이를 통해 중요한 고객 미팅이나 금융 상품 설명서를 우선 처리하고, 상대적으로 중요도가 낮은 업무는 미뤄두거나 위임할 수 있다.

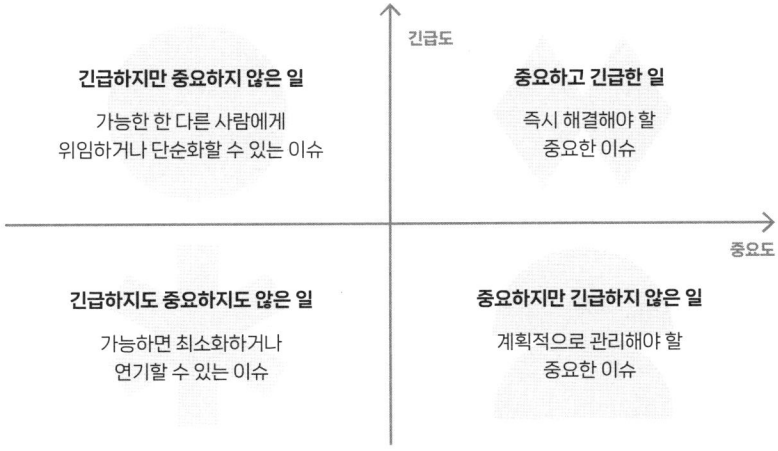

아이젠하워 매트릭스

긴급도

긴급하지만 중요하지 않은 일
가능한 한 다른 사람에게
위임하거나 단순화할 수 있는 이슈

중요하고 긴급한 일
즉시 해결해야 할
중요한 이슈

중요도

긴급하지도 중요하지도 않은 일
가능하면 최소화하거나
연기할 수 있는 이슈

중요하지만 긴급하지 않은 일
계획적으로 관리해야 할
중요한 이슈

2분 법칙

처리하는 데 2분 미만이 걸리는 작은 업무들은 바로 처리하는 것이 효율적이다. 이메일 확인, 짧은 전화 회신, 간단한 문서 작성 등 빠르게 해결할 수 있는 일들을 미루지 않고 바로 처리하면 업무가 쌓이는 것을 방지할 수 있다.

시간 블록킹: 집중력을 높이는 업무 시간 관리

하루 일정을 시간 단위로 나누어 미리 계획하고, 그 시간에 해당하는 업무에만 집중하는 방식이다. 다양한 업무를 동시에 처리해야 하는 비즈니스맨들은 시간 블록킹을 통해 특정 시간대에 한 가지 업무에 집중함으로써 생산성을 높일 수 있다.

고객 상담 시간 정하기

하루 중 특정 시간을 고객 상담 시간으로 정하면, 고객 문의나 상담 요청을 처리하는 데 방해받지 않고 집중할 수 있다. 이를 통해 고객과의 상담에 질적으로 더 나은 결과를 만들어낼 수 있으며, 상담 외의 시간에는 다른 중요한 업무에 집중할 수 있다.

몰입 업무 시간 설정

시장 분석이나 투자 전략 설계 등 깊은 사고가 필요한 업무는 몰입이 중요한데, 이때는 방해받지 않도록 시간을 정하고 그 시간에는 모든 외부 연락을 차단하는 것이 좋다. 이를 통해 복잡한 업무도 더 효율적으로 처리할 수 있다.

일상 자동화: 반복 업무 최소화하기

매일 처리해야 하는 많은 업무 중 일부는 반복적이고 자동화가 가능한 일들이다. 이를 자동화함으로써 더 중요한 업무에 집중할 수 있는 시간을 확보할 수 있다.

템플릿 활용

고객에게 자주 보내는 이메일이나 보고서는 미리 템플릿을 만들어 두면 시간을 크게 절약할 수 있다. 새로운 고객에게 보내는 감사 이메일이나 주기적으로 작성해야 하는 투자 보고서는 템플릿을 사용해 반복 작업 시간을 줄일 수 있다.

디지털 도구 활용

스케줄 관리, 고객 관계 관리, 금융 데이터 분석 등 자동화가 가능한 여러 디지털 도구를 적극 활용하는 것도 시간을 아끼는 방법이다. 특히 일정 관리 애플리케이션을 통해 미팅 일정을 자동으로 조율하거나, 데이터를 실시간으로 분석해주는 소프트웨어를 활용하면 업무 속도를 크게 높일 수 있다.

회의 시간 최소화: 꼭 필요한 회의만 진행

———

많은 비즈니스맨이 회의에 많은 시간을 할애하지만, 모든 회의가 생산적인 것은 아니다. 불필요하게 길거나 목적이 불분명한 회의는 시간을 낭비시킨다. 꼭 필요한 회의만 진행하고, 회의 시간을 최소화하는 전략을 사용해야 한다.

목적 중심 회의

회의를 시작하기 전에 명확한 목표를 설정하고, 그 목표를 달성하기 위한 핵심 의제만 다루는 것이 중요하다. 예를 들어, 투자 의사결정을 내리기 위한 회의라면 그에 필요한 정보와 의논할 사항만을 집중적으로 다루고, 추가적인 논의는 이메일이나 다른 방법으로 처리할 수 있다.

시간 제한 회의

모든 회의는 시간을 제한해 진행하는 것이 좋다. 회의가 길어지면 참여자들이 집중력을 잃기 쉽고, 생산성이 떨어질 수 있다. 15분, 30분 등 시간 제한을 두고 진행하면 중요한 사안을 더 빠르고 효율적으로 해결할 수 있다.

참된 어른으로의 여행,
비즈니스맨이 걸어야 할 마지막 길

어른이 된다는 것의 진짜 의미

열아홉 살이 되는 날, 한국인은 법적으로 어른이 된다. 하지만 진짜 어른이 되는 것은 그날이 아니다. 어른이 되는 것은 하루아침에 일어나는 이벤트가 아니라, 평생에 걸쳐 완성해가는 예술 작품이다.

많은 사람이 착각한다. 나이를 먹으면 자동으로 어른이 된다고. 직장을 가지고, 결혼을 하고, 아이를 낳으면 어른이 된다고. 하지만 진정한 어른이 되는 것은 전혀 다른 차원의 일이다.

참된 어른이 된다는 것은 자신의 그림자와 화해하고, 타인의 아픔을 이해하며, 세상에 대한 책임을 받아들이는 것이다. 그리고 무엇보다 자신이 완벽하지 않다는 것을 인정하면서도 계속해서 더 나은 사람이 되려고 노력하는 것이다.

세일즈맨이라는 교실에서 배우는 인생

———

세일즈맨만큼 인간의 본성을 깊이 들여다볼 수 있는 직업이 또 있을까? 매일 다른 사람들을 만나고, 그들의 욕망과 두려움을 마주하며, 자신의 한계와 가능성을 동시에 발견하는 직업.

거절당할 때마다 그들은 겸손을 배운다. 성공할 때마다 그들은 감사를 배운다. 고객의 고민을 들을 때마다 그들은 공감을 배운다. 어려운 상황을 해결할 때마다 그들은 지혜를 배운다.

이렇듯 세일즈맨이라는 직업은 인간이 되어가는 과정, 어른이 되어가는 과정 그 자체다. 매 순간이 시험이고, 매 만남이 수업이며, 매 경험이 성장의 기회다.

당신이 세일즈맨이든, 그렇지 않든 세일즈맨의 거친 현장을 교훈으로 삼아 어른의 길을 배울 수 있을 것이다.

책임감, 내 어깨 위의 무게를 기꺼이 짊어지는 용기

———

진정한 어른의 첫 번째 조건은 책임감이다. 하지만 이 책임감은 단지 '내가 한 일에 대해 책임지겠다'는 수준을 넘어선다. 참된 어른의 책임감은 더 깊고 넓다. 내가 만나는 고객의 행복에 대한 책임, 내가 하는 일이 사회에 미치는 영향에 대한 책임, 후배들이 올바른 길을 갈 수 있도록 이끌어야 할 책임까지 포함한다.

때로는 이 책임감이 무겁게 느껴진다. 실수할 수도 없고, 포기할 수도 없으며, 안주할 수도 없다는 부담감. 하지만 바로 그 무게 때문에 우리는 더 단단해지고, 더 깊어지며, 더 성숙해진다.

책임감은 짐이 아니라 날개다. 그 무게 때문에 우리는 땅에 단단히 뿌리를 내리고, 그 뿌리를 바탕으로 더 높이 날아오를 수 있다.

자아 성찰, 거울 앞에 서는 용기

가장 용감한 사람은 적과 맞서는 사람이 아니라 자기 자신과 맞서는 사람이다. 자아 성찰은 바로 그런 용기를 요구한다.

매일 밤 잠들기 전, 자신에게 정직하게 물어보아야 한다. "오늘 나는 어떤 사람이었는가?" "나는 내가 추구하는 가치에 맞게 살았는가?" "나는 다른 사람들에게 도움이 되었는가?"

이런 질문들은 때로는 불편하다. 우리의 부족함과 약함을 적나라하게 드러내기 때문이다. 하지만 바로 그 불편함이 성장의 시작이다.

자아 성찰을 통해 우리는 자신의 어둠을 인정하게 된다. 그리고 그 어둠을 인정하는 순간, 진정한 빛이 시작된다. 완벽하지 않은 자신을 받아들이고, 그럼에도 불구하고 더 나은 사람이 되려고 노력하는 것. 이것이야말로 진정한 성숙이다.

공감 능력, 타인의 마음에 다리를 놓는 기술

———

세상에서 가장 외로운 사람은 다른 사람의 마음을 이해하지 못하는 사람이다. 아무리 많은 사람에게 둘러싸여 있어도, 진정한 연결을 느끼지 못한다면 그는 사막 한가운데 혼자 서 있는 것과 같다.

공감 능력은 타인의 마음에 다리를 놓는 기술이다. 그 다리를 통해 우리는 서로의 세계를 오가며, 서로의 기쁨과 슬픔을 나눈다.

고객의 진짜 니즈를 파악하고, 그들의 숨겨진 걱정을 이해하며, 그들이 정말로 원하는 것을 찾아내는 것. 이 모든 것이 공감 능력에서 시작된다.

하지만 공감 능력의 진정한 가치는 비즈니스적 성과를 넘어선다. 그것은 우리를 더 인간답게 만들어주는 능력이다. 타인의 고통을 이해하고, 타인의 기쁨을 함께 나누며, 이 세상이 조금 더 따뜻한 곳이 되도록 기여하는 능력이다.

윤리와 도덕, 흔들리지 않는 내면의 나침반

———

세상은 빠르게 변한다. 기술도 변하고, 사회도 변하며, 가치관도 변한다. 하지만 변하지 않는 것이 하나 있다. 바로 옳고 그름에 대한 근본적 기준이다.

윤리와 도덕은 우리 내면의 나침반이다. 아무리 복잡한 상황에서도, 아무리 유혹적인 기회가 와도 이 나침반은 항상 올바른 방향을 가리킨다.

때로는 윤리와 도덕을 지키는 것이 손해처럼 보인다. 더 쉬운 길을 포기해야 하고, 더 큰 이익을 놓쳐야 할 때도 있다. 하지만 그 순간 순간의 선택이 모여서 우리의 인격을 만들고, 우리의 삶을 정의한다.

윤리와 도덕을 지키며 사는 것은 단순히 착하게 사는 것이 아니다. 그것은 자신의 존재 가치를 인정받고, 진정한 존경을 받으며, 떳떳하게 살아가는 것이다.

나이만 어른인 사람들, 우리가 되지 말아야 할 모습

하지만 세상에는 나이만 어른인 사람들도 많다. 몸은 자랐지만 마음은 아직 아이인 사람들, 지위는 높아졌지만 인격은 그대로인 사람들.

그들을 보며 우리는 배운다. 어떤 어른이 되지 말아야 하는지를. 무책임한 말과 행동으로 신뢰를 잃는 모습, 비난과 경멸의 언어로 관계를 파괴하는 모습, 공감 없는 차가운 마음으로 상처를 주는 모습, 윤리와 도덕을 외면하며 추락하는 모습.

이들을 보며 우리는 다짐한다. 절대 저런 어른이 되지 않겠다고. 나이를 먹는 것과 성숙해지는 것은 완전히 다른 일이라는 것을 잊지 않겠다고.

참된 어른, 인생의 스승

진정한 비즈니스맨은 제품을 파는 사람이 아니다. 그는 가치를 전달하는 사람이고, 문제를 해결하는 사람이며, 꿈을 현실로 만들어주는 사람이다. 그리고 그 모든 것의 바탕에는 '참된 어른'이라는 튼튼한 기초가 있다. 책임감 있고, 자아 성찰을 하며, 공감 능력을 갖추고, 윤리와 도덕을 지키는 사람.

당신이 만나는 모든 고객에게 당신은 단순한 비즈니스맨이 아니다. 당신은 그들의 인생에 긍정적 영향을 미치는 멘토이고, 그들의 성장을 도와주는 스승이며, 그들의 꿈을 응원해주는 동반자다.

마지막 질문, 당신은 어떤 어른이 되고 싶은가?

이제 이 책의 마지막에서, 스스로에게 가장 중요한 질문을 던져보자.

"나는 어떤 어른이 되고 싶은가?"

나이만 먹은 어른이 될 것인가, 아니면 참된 어른이 될 것인가?

책임을 회피하는 어른이 될 것인가, 아니면 책임을 기꺼이 짊어지는 어른이 될 것인가?

자신만 아는 어른이 될 것인가, 아니면 타인을 이해하고 배려하는 어른이 될 것인가?

이익만 추구하는 어른이 될 것인가, 아니면 가치와 의미를 추구하는 어른이 될 것인가?

참된 어른, 세상을 바꾸는 힘

참된 어른이 된다는 것은 개인의 성취를 넘어선다. 그것은 세상을 조금 더 나은 곳으로 만드는 일이다.

당신이 참된 어른이 될 때, 당신을 만나는 모든 사람이 영향을 받는다. 당신의 책임감이 그들에게 신뢰를 주고, 당신의 자아 성찰이 그들에게 겸손을 가르치며, 당신의 공감 능력이 그들에게 따뜻함을 전하고, 당신의 윤리와 도덕이 그들에게 희망을 준다.

이렇게 한 사람 한 사람이 변화할 때, 그 변화는 파장이 되어 더 넓은 세상으로 퍼져나간다. 참된 어른 한 사람이 세상을 바꾸는 것이다.

10년 전 당신과 지금 당신의 차이는 무엇인가?

더 많은 돈? 더 높은 직책? 더 넓은 네트워크?

아니다. 가장 큰 차이는 감정을 다루는 능력이다.

예전엔 고객의 거절에 상처받았다면,

지금은 거절을 성장의 기회로 본다.

예전엔 스트레스에 압도당했다면,

지금은 스트레스를 에너지로 전환한다.

예전엔 타인의 평가에 일희일비했다면,

지금은 내면의 나침반을 따른다.

이것이 바로 진짜 어른이 되는 과정이다.

진짜 성숙한 사람은 완벽하지 않다.

여전히 실수하고, 때로는 감정적이 되며, 가끔은 길을 잃는다.

하지만 차이는 하나다.

빨리 회복한다는 것.

실수에서 배운다는 것.

넘어져도 다시 일어난다는 것.

이것이 감정 지능이다.

당신의 여행은
이제 시작이다!

이 책을 덮는 순간, 당신의 진짜 여행이 시작된다.

'CORE'라는 나침반을 가지고, 목적지를 향해 떠나는 여행.

그 길은 쉽지 않을 것이다. 넘어질 때도 있고, 길을 잃을 때도 있으며, 포기하고 싶을 때도 있을 것이다. 하지만 그 모든 순간이 당신을 더 강하게, 더 지혜롭게, 더 사랑스럽게 만들어줄 것이다.

✦ 그날의 기억

언젠가 당신이 인생의 황혼 녘에 서게 될 날이 올 것이다. 그날 당신은 뒤돌아볼 것이다. 수많은 고객과의 만남, 셀 수 없는 거절과 성공, 눈물과 웃음이 교차했던 모든 순간을.

그때 당신은 깨닫게 될 것이다.

당신이 팔았던 것은 제품이 아니라 희망이었다는 것을. 당신이 만든 것은 매출이 아니라 관계였다는 것을. 당신이 키운 것은 실적이 아니라 사람들의 꿈이었다는 것을.

그리고 가장 놀라운 발견을 하게 될 것이다. 그 모든 과정에서 가장 크게 성장한 사람은 바로 당신 자신이었다는 것을.

✳ 혼자가 아닌 여행

당신은 혼자가 아니다.

새벽 5시, 아직 잠들어 있는 도시에서 출근 준비를 하는 당신 옆에는 전국 곳곳에서 똑같이 하루를 시작하는 수천 명의 동료가 있다. 각자 다른 꿈을 품고, 각자 다른 이야기를 가지고 있지만, 모두 같은 마음으로 오늘을 맞이하는 사람들.

거절당해서 좌절할 때, 어디선가 똑같은 아픔을 겪고 있는 동료가 있다. 큰 계약을 성사시켜서 기뻐할 때, 어디선가 당신의 기쁨을 함께 나누고 싶어 하는 동료가 있다.

당신을 응원하는 사람들이 있다. 가족이 있고, 친구들이 있으며,

당신의 성장을 믿고 기다리는 고객들이 있다. 그들 모두가 당신이라는 사람이 더 나아지기를, 더 행복해지기를, 더 성공하기를 진심으로 바라고 있다.

그리고 길을 잃어도, 포기하고 싶어도 기억하라.
당신 안에는 이미 모든 것을 이겨낼 힘이 있다는 것을.

당신의 이야기는 이제 막 시작이다.

먼저, 이 책을 손에 들어준 당신께 감사드립니다. 세상은 늘 우리에게 증명하라고 말합니다. 더 잘해야 한다고, 더 빨리 보여줘야 한다고, 더 강해져야 살아남는다고. 우리는 짧은 순간 안에 평가받는 일에 익숙해졌고, 그 과정에서 스스로를 과하게 밀어붙이기도 했습니다.

그럼에도 당신은 '나는 어떤 사람으로 기억될까'라는 질문을 품고 이 페이지까지 왔습니다. 그 질문 하나만으로도 이미 당신은, 스쳐 가는 사람이 아니라 오래 남는 사람이 될 준비를 하고 있습니다.

저는 오랫동안 비즈니스와 세일즈의 현장에서 사람을 관찰해왔습니다. 같은 말을 해도 신뢰를 얻는 사람이 있었고, 같은 실력을 갖추고도 선택받지 못하는 사람이 있었습니다. 그 반복되는 장면들 앞에서 저는 한 가지를 분명히 알게 되었습니다. 결국, 선택을 만드는 것은 재능이나 운이 아니라 준비된 태도라는 사실입니다.

이 책의 C.O.R.E는 그 준비의 이름입니다.

저는 이 책이 성공을 설명하는 책이 아니라, 스스로를 존중하며 성장할 수 있는 지침이 되기를 바랐습니다. 넘어질 수도 있고, 길을 잃을 수도 있으며, 포기하고 싶은 날도 있을 것입니다.

그럼에도 이 책을 덮는 순간부터 당신의 여정은 시작된다고 저는 믿습니다.

저 또한 이 여정의 한가운데에는 늘 사람이 있었습니다. 제가 흔들릴 때마다 곁에서 버팀목이 되어준 가족에게 감사드립니다. 든든한 버팀목이 되어준 부모님은 물론, 이 책을 쓰는 시간 동안 가장 가까운 자리에서 말없이 지지해준 남편에게 깊은 감사를 전합니다. 그리고 이제 막 세상으로 나아갈 준비를 하고 있는 아들 현욱에게도, 끌림을 지닌 어른으로 성장하는 길에 이 책이 조용히 닿기를 바랍니다.

또한, 부족한 필자의 고집과 미완의 문장들을 결점이 아닌 가능성으로 받아들이며 끝까지 함께 고민해주신 한스컨텐츠 최준석 사장님께 감사드립니다. 더불어 도전적인 질문과 새로운 시선, 때로는 불편할 만큼 솔직한 의견으로 이 책이 더 깊어지도록 이끌어주신 은퇴 전문가 권도형 대표님께도 깊이 감사드립니다.

　마지막으로 이 책이 말하는 '끌림'은 화려함이 아닙니다. 누군가를 이기기 위한 기술이 아니라, 누군가의 마음을 열기 위해 내가 먼저 단단해지는 과정입니다. 설득하기 전에 신뢰가 되고, 손을 잡기 전에 먼저 따뜻해지는 일입니다. 이 책이 당신을 더 믿을 만하게 만들고, 더 오래 기억되는 사람으로 남게 하길 바랍니다.

　홍순아 드림

그 사람, 왜 끌릴까?

CORE: 고객 마음을 여는 퍼스널 이미지 브랜딩 전략

1판 1쇄 발행 2026년 2월 24일

지은이 홍순아

펴낸이 최준석
펴낸곳 한스컨텐츠
주소 경기도 고양시 일산서구 강선로 49, 404호
전화 031-927-9279 팩스 02-2179-8103
출판신고번호 제2019-000060호 신고일자 2019년 4월 15일

ISBN 979-11-91250-16-9 13320